guide pratique du voyage dans les vies antérieures

Florence Wagner McLain

guide pratique du voyage dans les vies antérieures

Traduction Christine Castel

LA NUIT DES MONDES
TCHOU

INTRODUCTION

Une régression dans les vies antérieures, bien menée, constitue un outil intéressant dans l'amélioration de votre existence actuelle. Que vous ayez été dans le passé roi ou serf, reine ou servante importe peu. Ce qui compte, c'est ce que vous êtes aujourd'hui. Le statut social des vies antérieures n'a de valeur qu'aux yeux d'un ego immature. Vous êtes la somme de TOUTES vos expériences passées. Il s'agit surtout de savoir quelles attitudes positives, quelles forces vous avez accumulées dans le passé, le bon usage que vous en faites aujòurd'hui, quelles ont été vos erreurs. Répétez-vous dans cette vie des schémas d'échec identiques? Plus vous en saurez, mieux vous pourrez interpréter les événements de votre existence passée. Vous comprendrez alors vos réactions devant certaines personnes, certains lieux, certains événements. Vous vous rapprocherez de la véritable liberté et de la mise en pratique du célèbre « Connais-toi toi-même ».

Mais comment certifier que nous avons vécu dans d'autres corps physiques, dans d'autres temps, en d'autres lieux? La seule preuve que l'on puisse en avoir réside dans la certitude, par sa propre expérience, d'avoir vécu des vies antérieures. Pourtant, croire en la réincarnation n'est pas un préalable nécessaire pour bénéficier de l'enrichissement de l'expérience de la régression dans des vies antérieures. Revivre ce qui semble être une expérience du passé peut vous permettre d'effectuer une autre approche de vous-même, de mieux distinguer vos forces de vos faiblesses, et vous aider à clarifier vos objectifs. La réponse à des problèmes personnels ou relationnels est fréquemment donnée. Il est souvent possible de comprendre ses phobies et de s'en libérer; de même que pour tout comportement névrotique. Lorsque vous vous souviendrez, par ailleurs, d'avoir vécu dans le corps d'un homme d'une autre race que la vôtre et d'avoir défendu passionnément ses croyances, vous ne pourrez qu'évoluer. Les concepts de « mâle » et de « femelle » prennent une autre dimension. Vous saurez bientôt que vous êtes une âme qui habite un corps, mâle ou femelle, à un moment donné. La mort devient de même une des phases du cycle de la vie, au lieu d'une fin que l'on doit redouter.

Cette méthode ne vous est pas présentée comme une panacée magique, mais comme un simple outil qui vous permettra de remodeler votre moi actuel. Plus vous apporterez de soin et de précision à son utilisation, meilleur sera le résultat. Une fantastique aventure vous attend. Elle sera pleine de rires et de larmes, de courage et de couardise, d'amour et de haine, de compassion et de cruauté, de générosité et d'égoïsme, de vie et de mort... Lorsque vous découvrirez que, dans les moments de pire crise, nous pouvons tous devenir des héros, vous saurez aussi que le courage véritable, le défi permanent est celui que nous affrontons dans notre vie quotidienne, avec le meilleur qui est en nous.

Ce que nous avons fait hier a modelé aujourd'hui. Ce que nous faisons aujourd'hui va modeler demain.

À PROPOS DE CE LIVRE

N'avez-vous jamais eu l'impression que la vie, c'est autre chose que ce que vous traversez en ce moment et en ce lieu? N'avez-vous jamais eu le sentiment d'avoir vécu en d'autres temps et d'autres lieux? Ne vous êtes-vous jamais senti attiré par quelqu'un d'inconnu comme si vous le connaissiez déjà? N'avez-vous jamais visité un lieu avec la sensation d'y être déjà venu? Combattez-vous des frustrations ou des peurs sans rapport avec votre vie quotidienne? Avez-vous peur de la mort? Êtes-vous curieux à propos de la réincarnation, ou simplement sceptique? Peut-être croyez-vous en la réincarnation mais ignorez-vous comment atteindre vos souvenirs lointains. Peut-être vous êtes-vous fié à un tiers en l'interrogeant, LUI, sur VOS vies passées. Ou peut-être encore avez-vous eu en main un livre ou une cassette, le « parfait manuel » en quelque sorte, mais qui requérait des semaines, des mois, voire des années d'entraînement pour des résultats hypothétiques.

Ce guide pratique du voyage dans les vies antérieures vous présente une technique simple que vous pouvez utiliser pour obtenir des informations sur vos vies antérieures, aujourd'hui même. Nulle trace ici de pseudo-rituel, d'endoctrinement ou de prosélytisme quelconques. Point n'est besoin même de croire en la réincarnation. Vous trouverez là tous les éléments nécessaires pour mener votre enquête, élaborer votre propre réponse et juger par vous-même si les indications vous sont profitables.

Cette aventure dans votre subconscient permettra de vous révéler sous un jour inhabituel. Des historiques de cas de régression vous feront découvrir comment d'autres personnes ont utilisé certaines révélations obtenues pour résoudre leurs problèmes, améliorer leur mode de relations, surmonter leurs peurs, valoriser leurs talents, prendre confiance en elles-mêmes et se libérer de certains comportements négatifs pour atteindre à une vie plus gratifiante et créative, etc.

Cet ouvrage s'attache à cette réussite, consacrez-lui une part infinitésimale de votre vie, et celle-ci en sera transformée à jamais.

À PROPOS DE L'AUTEUR

Florence Wagner McClain, parapsychologue, archéologue amateur photographe, passionnée d'histoire, expert en sculpture sur bois et bientôt pilote, a voyagé un peu partout aux États-Unis.

Elle se passionne depuis plus de trente ans pour l'étude du cerveau humain, expérimente les potentiels mentaux, l'hypnose, l'amélioration de la mémoire et toutes les sciences « psi » (astrologie, tarots, numérologie, clairvoyance, etc.). La métaphysique l'absorbe également. Elle a consacré plus de dix ans à enseigner et à donner des conférences sur le développement psychique et mental et ses applications pratiques dans l'éducation et la vie quotidienne. Elle a pris part à plus de deux mille régressions dans les vies antérieures, ce qui équivaut et dépasse même le nombre des autres expériences réalisées dans ce domaine. Que vous croyiez ou non en la réincarnation, la régression dans les vies antérieures n'en demeure pas moins un outil assez puissant pour vous livrer à la découverte de vous-même. L'information obtenue grâce à ce processus peut se révéler de la plus grande valeur pour votre évolution personnelle et pour votre bien-être, quelle que soit la cause de votre trouble. Le guide pratique rédigé par Florence McClain est extrêmement salutaire et remarquable pour tous ceux qui veulent explorer leurs vies antérieures et régresser par eux-mêmes. Son approche, d'un abord expérimental et rationnel, de ce phénomène méconnu et généralement mal compris est plaisante et très enrichissante. Il s'agit là d'une pièce maîtresse de la littérature sur les techniques d'aide à soi-même, qui rendra de grands services à tous ceux qui veulent approfondir la question de la réincarnation.

SCOTT ROGO

Chapitre premier

Définition et philosophie

« Chamais che ne t'aurais donné une telle cochonnerie à mancher, quand tu étais ein Kind (un enfant), me dit-elle en regardant ses frites. De bonnes pommes de terre bouillies, voilà ce que che te donnais. » Ébahie, je la regardais tandis qu'elle poursuivait : « Maman, pourquoi est-ce que c'est toi qui es la maman cette fois, et moi qui suis ton enfant?... Je n'ai plus envie d'être une enfant... »

Une étrange conversation, à la vérité, encore bien plus étrange lorsqu'on sait que celle qui me tenait de tels propos était ma propre fille, âgée de moins de trois ans. Ses premiers mots, elle les avait d'ailleurs prononcés en allemand, alors que personne, ni dans notre famille ni parmi nos amis, ne pratiquait cette langue. Le phénomène n'avait duré que quelques semaines, et je m'étais empressée de l'effacer de ma mémoire, jusqu'à aujourd'hui tout au moins... Le lendemain, je la surpris en train d'observer sa sœur, d'un regard désapprobateur. Elle se tourna alors vers moi, en s'exclamant : « Chamais che ne t'aurais laissée agir de la sorte quand tu étais ein

Kind. Tu n'es pas assez sévère, dit-elle... Je ne veux plus être une enfant... »

C'est ainsi que j'ai été amenée à examiner de plus près cette étrange croyance : la réincarnation.

Les termes de « réincarnation », de « régression », ou de « karma », par exemple, ne recouvrent pas pour chacun les mêmes concepts. C'est pourquoi il me semble important de vous donner ma propre définition de ces mots, puisque je vais être amenée à les employer dans cet ouvrage et à en discuter la philosophie s'y rapportant.

Les informations que je m'apprête à vous livrer représentent quelque vingt années de recherche personnelle, réalisée grâce à plus de deux mille régressions dans des vies antérieures. Définitions et principes présentés ici dérivent directement de ces régressions, et je me suis efforcée de vous présenter le plus clairement possible cette technique, pour que vous puissiez l'utiliser directement et en tirer vous-même vos propres conclusions.

L'homme a généralement tendance à s'approprier toute découverte, même si des millions d'autres l'ont devancé, et à enseigner sa méthode comme étant la « seule et l'unique ». Pour ma part, je n'ai nullement l'intention de les imiter. Ce que je vous propose ici est un moyen : mais il en existe d'autres.

Qu'est-ce que la réincarnation?

La réincarnation est la théorie qui affirme que la conscience de l'homme, son âme, survit à sa mort et revient pour se réincarner dans un autre corps physique, muni de la possibilité de progresser en sagesse et en connaissance. Nous expérimentons la vie en tant qu'homme, ou femme, en passant tour à tour d'une race à l'autre et en changeant de classe sociale. Nos nombreuses vies couvrent toute la gamme du bien et du mal. Nous avons combattu pour libérer les hommes de l'esclavage, et avons, par ailleurs, acheté et vendu des esclaves. Au cours de certaines de nos vies, nous avons fait vœu de célibat, et nous sommes vendus nous-mêmes pour un peu d'argent ou de puissance. Nous avons détenu les rênes du pouvoir, et avons aussi accompli les tâches les plus humbles.

Les actions individuelles importent peu : seules comptent réellement les motivations qui les sous-tendent et les leçons que nous en tirons. Nous sommes, en quelque sorte, la somme globale de nos expériences passées. Des traits positifs nous caractérisent, et nous possédons certains talents; mais des schémas négatifs, des habitudes nocives nous sont restés, héritage de vies antérieures.

Nombreux sont ceux qui ne saisissent pas la théorie de la réincarnation dans son ensemble : « Peu importe la manière dont vous vous conduisez dans cette vie-ci, puisque, de toute façon, vous êtes appelé à revenir... » Voilà l'idée qu'ils se font de la pensée des « tenants » de la réincarnation. Pourtant, une donnée semble certaine : le fait d'accomplir, grâce aux régressions, une recherche de ses vies antérieures rend plus que jamais conscient des conséquences de chaque pensée, de chaque action, et des raisons sous-jacentes. Découvrir que vos actions passées vous ont conduit aux situations délicates affrontées actuellement et qu'elles vous ont conféré certains traits de caractère indésirables ne peut que vous inciter à n'utiliser que le meilleur de vous-même. Savoir que c'est à votre propre passé que vous êtes redevable de ce qu'il y a de beau et de bon (mais de caché) au plus profond de vous-même devrait vous amener à créer de vos mains le meilleur avenir possible. Point n'est besoin pour cela de craindre un enfer dans lequel vous êtes menacé de brûler pour l'éternité...

A priori, et surtout pour ceux qui craignent la mort par-dessus tout, il peut sembler réconfortant et quelque peu rassurant de savoir qu'à nouveau nous serons appelés à vivre. Pourtant, plus on gagne en connaissance et en compréhension, plus cette perspective perd de ses attraits. La seule envie qui subsiste est bientôt celle d'apprendre aussi rapidement que possible, de progresser aussi vite que faire se peut, afin de briser le cycle de mort et de renaissance. « Maman, je n'ai plus envie d'être une enfant... »

Esprit illimité en évolution, créé par l'image, dans l'image même de l'Esprit Illimité et Infini, vous vous réincarnez afin de comprendre et de faire valoir vos droits à la renaissance. Lorsque, ayant reconnu votre véritable nature, vous transcenderez vos limites pour accepter la pleine et entière responsabilité de vos actions, vous n'aurez plus besoin de subir l'apprentissage des expériences de la vie physique ni les contraintes du plan terrestre.

En fait, la réincarnation fait partie des croyances les plus anciennement et largement partagées dans le monde. À l'aube de son séjour sur terre, la vie de l'homme était facile, parfaitement intégrée aux cycles de vie, de mort et de renaissance, tels qu'il pouvait les voir se dérouler autour de lui dans la nature. Il lui fut donc naturel de penser qu'il faisait, lui aussi, partie de ce cycle et qu'en toute logique sa vie allait se renouveler. Fait intéressant : c'est dans les civilisations qui, de par le monde, vivent en harmonie avec la nature que la croyance en la réincarnation continue d'être le plus largement répandue.

Peu à peu, l'homme s'est laissé aller à compliquer toujours davantage sa propre vie, mesurant sa valeur au nombre d'objets matériels en sa possession. Certains se sont alors mis à créer des règles leur permettant de dominer les autres, de tirer parti de leur travail sans fournir eux-mêmes d'efforts. Pour d'autres, il était plus facile de se laisser dicter ce qu'ils devaient faire, penser ou la manière dont ils devaient mener leur vie... Lorsque les choses allaient mal, ils pouvaient au moins en rejeter la faute sur un tiers... Renonçant à sa liberté d'action, à ses responsabilités propres, et même à ses relations avec son Créateur, l'homme a ainsi oublié qu'il connaissait déjà la réponse à la question que posait Job, il y a quelque 3 500 ans déjà : « Lorsqu'un homme meurt, sera-t-il appelé à revivre? »

Les techniques que vous trouverez dans ce livre constitueront pour vous des outils; leur usage vous permettra de vous souvenir de ce que vous savez déjà, de vous redécouvrir vous-même et de donner votre propre réponse à la question de Job.

Si vous êtes enfin convaincu de la réincarnation, permettez-moi de vous rassurer : d'illustres personnages ont connu le même cheminement. Peu de temps avant sa mort en 1933, le treizième Dalaï-Lama a confié à certains de ses proches les circonstances qui allaient entourer sa renaissance. En 1935, le

Régent eut une vision, dont il fit un rapport par écrit mais qu'il garda secrète : il vit une maison entourée de quelques bâtiments, dans laquelle était né un enfant, réincarnation du Dalaï-Lama. Lorsque les temps furent venus, le Régent se mit en devoir de trouver l'endroit en question et d'interroger tout enfant dont l'âge correspondait à celui présumé du Dalaï-Lama. Ce fut une quête d'autant plus discrète qu'elle conduisit le Régent et son entourage dans un village situé de l'autre côté de la frontière chinoise. On trouva là une maison parfaitement identique à celle de la vision. Le lama et sa suite échangèrent leurs vêtements avec ceux de leurs domestiques. Ces derniers furent donc reçus avec les honneurs dus à « leur » rang, tandis qu'eux-mêmes étaient conduits vers les cuisines, où se tiennent le plus souvent les enfants. Un petit garçon âgé de quatre ans s'approcha alors d'eux, reconnut le lama en chef, ajoutant qu'il venait de Sera, ce qui était vrai. L'enfant demanda au chef lama de lui donner son collier, qui lui avait appartenu lorsqu'il avait été Dalaï-Lama, lors de sa vie précédente. Le petit garçon put correctement identifier tous les membres de la suite, et un peu plus tard reconnaître, parmi des objets semblables, ceux qui avaient été en la possession du Dalaï-Lama. L'enfant correspondait en tous points aux précisions que le Dalaï-Lama avait indiquées avant sa mort à propos de sa renaissance. L'enfant fut plus tard en mesure de passer divers tests spirituels et physiques, qui confirmèrent qu'il s'agissait bien de la quatorzième incarnation du Dalaï-Lama.

Avant l'occupation chinoise, les grands centres spirituels fleurissaient au Tibet. Lorsqu'un petit garçon montrait une connaissance ou une maturité exceptionnelle pour son âge, on le soupçonnait d'avoir été dans une vie antérieure un grand enseignant, un maître spirituel. On l'emmenait alors dans une pièce immense, renfermant les objets personnels de grands hommes, et il devait choisir ceux qui auraient été en sa possession dans une vie passée. S'il parvenait à désigner tous ceux ayant appartenu à un même homme, on lui conférait le statut d'Incarnation Reconnue. Il avait désormais droit au respect et à l'honneur qui s'attachaient au rang qu'il occupait dans le passé.

On pourrait ainsi dire que Jean-Baptiste était, à sa manière, une Incarnation Reconnue. Les prophéties de l'Ancien Testament concernant la venue du Messie affirmaient que le prophète Élie reviendrait avant lui (Malachie IV, 5). Dans le Livre de Matthieu (XVI, 13-14), Jésus demanda à ses disciples si on savait qui il était : selon certains, il était Jean-Baptiste, selon d'autres, Élie ou Jérémie, ou l'un des prophètes qui serait revenu.

Plus tard, quand Jésus eut reconnu qu'Il était lui-même le Christ, les disciples Lui parlèrent de la prophétie concernant le retour d'Élie, qui devait préparer la Voie. Jésus dit alors qu'Élie était déjà revenu, mais qu'on ne l'avait pas reconnu. Ils comprirent qu'Il parlait de Jean-Baptiste (Matthieu XVII, 10-13).

Dans le Livre de Jean (IX, 1-3), on peut lire l'histoire d'un homme né aveugle. Les disciples demandèrent à Jésus si cette infirmité était en punition de quelque péché, ou si la responsabilité du péché incombait à ses parents. Or, quand on ne croit ni au karma ni à la réincarnation, la question n'a pas de sens. Jésus répondit alors qu'en l'occurrence il ne s'agissait ni de l'une ni de l'autre des hypothèses, mais que cet homme était né aveugle, afin que la gloire de Dieu puisse se manifester à travers lui.

Les âmes transmigrent-elles?

Réincarnation et transmigration sont deux théories qui se confondent fréquemment. « Croyez-vous vraiment que vous puissiez revivre sous la forme d'un cafard ou d'une vache, par exemple? » La question est souvent posée. Parmi ceux qui croient en la réincarnation, il existe un groupe restreint, concentré surtout en Inde, qui croit en la transmigration de l'âme. Aucune preuve ne vient toutefois étayer cette théorie. En fait, il semble que l'homme ne puisse revenir sous une forme différente de la sienne.

La théorie de la transmigration provient sans doute d'une allégorie fort ancienne, qui avait pour dessein d'enseigner à l'homme le respect de la vie, sous toutes ses formes. L'étincelle de vie qui jaillit dans nos cellules est issue de la même source qui anime toutes les formes de vie. Il existe donc une sorte de parenté entre tous les types de vie : il faut la reconnaître, lui donner sa juste valeur et la traiter en conséquence, c'est-à-dire de manière responsable.

Nos corps sont physiquement composés de milliards de cellules : chacune d'entre elles accomplit une fonction spécifique, afin d'accueillir l'âme comme il convient. Nous sommes des esprits, contraints de fonctionner dans un monde physique. À cette fin, nous avons besoin de moyens physiques pour nous matérialiser. Nous devons donc respecter et prendre soin des formes de vie qui composent nos corps.

Il est de notre devoir de prendre soin de la Terre, des ressources et des structures vivantes qu'elle renferme. À nous de mettre au point une liste de priorités, afin d'utiliser intelligemment les ressources et de savoir comment se comporter face aux autres organisations vivantes. Nous nous sommes laissés aller beaucoup trop souvent à négliger nos responsabilités et à ne pas respecter notre ordre de priorités.

Parmi les Indiens d'Amérique, nombreux sont ceux qui prenaient véritablement soin de la Terre. (J'ai mis cette phrase au passé, bien que certains parmi eux pratiquent encore cette philosophie, et l'appliquent de leur mieux.) Pour eux, la Terre devait être révérée comme une entité vivante, dont on n'utilisait les ressources qu'avec parcimonie. Le concept de propriété personnelle des sols leur demeurait totalement étranger. Leur Mère la Terre n'appartenait qu'à elle-même et au Grand Esprit qui l'avait créée. L'abondance de la terre restait, bien sûr, à la disposition de l'homme, mais il fallait en user avec sagesse et respect, en prenant soin de ne pas en gaspiller ni en épuiser les richesses. S'il fallait creuser le sol, on en prenait soin comme d'une blessure infligée à un être vivant. Le sol était remis en place et « guéri » du mieux que l'on pouvait. Lorsqu'il devenait nécessaire de chasser pour se nourrir, on remerciait et bénissait frère Daim, Élan ou Ours, pour avoir fourni aliments, outils et habillement. Chaque partie de son corps était utilisée, et jamais on n'aurait chassé pour le plaisir de faire du sport ou celui de tuer. Toute action avait une raison d'être et correspondait à un besoin précis.

Aujourd'hui, notre société de consommation dilapide sans vergogne les ressources de notre Mère la Terre. Qui se soucie de veiller à leur renouvellement, qui s'inquiète de panser ses blessures? Nous mesurons l'estime que nous nous portons en termes de possession matérielle et de dépenses : c'est dire que nous sommes tombés bien bas, décidément... Tant que nous pourrons dépenser des dizaines de milliers de francs pour dorloter un animal de compagnie avant de l'abandonner à son triste sort parce qu'il a cessé de nous amuser, alors qu'au même moment l'enfant du coin de la rue va se coucher le ventre vide, c'est que notre ordre de priorités sera encore bien confus. Nous ne pouvons alors que nous sentir seul, éloigné de notre Source de Vie. La manière dont nous administrons la Terre ne peut être qu'un échec.

Êtes-vous une « vieille âme »?

Il arrive fréquemment que ceux qui poursuivent une recherche métaphysique ou qui se passionnent pour la réincarnation s'entendent dire à un moment ou à un autre : « Vous êtes une vieille âme. » Cette affirmation paraît bien mystérieuse, mais permet, en vérité, de se sentir hors du commun. Être une « vieille âme » semblerait sous-entendre que l'âme en question a existé depuis bien plus longtemps que les autres, et qu'elle a retiré de cette longue histoire une sagesse et une connaissance secrète, qui l'élève au-dessus de la mêlée.

En fait, chronologiquement parlant, nous sommes tous de « vieilles âmes ». Les preuves réunies lors des régressions (la nôtre, comme celle des autres) indiquent à l'évidence que toutes les âmes ont été créées en même temps, il y a très, très longtemps. Certaines âmes ont pourtant vécu plus de vies que d'autres et totalisent ainsi plus d'expériences. Il en va de même à l'école : certains étudiants ont besoin de plus de temps que d'autres pour apprendre. Certains comprennent le sujet et réussissent l'examen dès la première fois. D'autres doivent recommencer une ou plusieurs fois la même matière. Le fait que nous soyons encore, ici, pris dans l'engrenage de la vie, de la mort et des cycles de renaissance, indique qu'il nous reste des leçons à apprendre. Être une « vieille âme » n'est pas un signe extérieur de prestige, mais plutôt la manifestation tangible d'un simple fait de la vie.

Si vous succombez à l'idée préconçue de « vieille âme », vous allez à l'encontre de sérieux problèmes. Si vous êtes tenté de juger le niveau d'évolution spirituelle des autres, vous risquez de rencontrer de sérieuses embûches. Vous seul, en fait, pouvez comprendre vos motivations, et connaître le tréfonds de votre pensée. Utiliser comme critère pour juger autrui son statut social, sa carrière, son allure ou ses signes extérieurs de spiritualité vous fait jouer un rôle pour lequel vous n'êtes pas compétent, et auquel vous n'avez pas droit. Il est d'ailleurs encore plus dangereux de vous laisser aller à évaluer votre propre niveau spirituel en vous fiant aux paroles d'autrui.

L'exercice consistant à se juger soi-même ne doit en fait être entrepris qu'avec la plus grande précaution. L'homme a souvent tendance à reconnaître ses erreurs et ses faiblesses plus facilement que ses talents et ses points forts. Seule une âme mature saura reconnaître et accepter non seulement les traits négatifs, mais aussi les côtés positifs de son caractère. Une auto-évaluation équilibrée vous permettra de penser en termes « d'outils avec lesquels il vous faut travailler » et de « domaines dans lesquels il vous faut œuvrer », plutôt que d'opposer négatif et positif, bien et mal.

Avez-vous une âme sœur?

Le terme d' « âme sœur » est souvent mal compris et utilisé à tort. On veut généralement lui faire exprimer le concept selon lequel il existe, quelque part dans l'univers, votre autre moitié, votre compagnon idéal : votre destin consiste à être réunis. Cela semble extrêmement romantique, un conte de fées en quelque sorte... Hélas, aucune preuve ne vient étayer l'idée selon laquelle, dans l'univers tout entier, vous n'ayez qu'une seule âme qui soit votre partenaire idéal.

Heureusement, vous pouvez compter plus de probabilités! Au cours des milliers d'années de votre existence, vous avez connu l'amour et l'amitié, vécu d'enrichissantes expériences, évolué à des niveaux semblables de conscience pendant plusieurs incarnations, mais avec des âmes différentes. Avec ces âmes amies, ou issues de mêmes parents, vous avez tissé des liens profonds, solides, bien au-delà de l'amitié ou de l'amour romantique lui-même. Ensemble, vous avez partagé joies et peines, rires et larmes, échecs et succès des vies passées en commun. Vous avez connu le meilleur et le pire l'un de l'autre, et vos liens se sont renforcés à chaque expérience. Quand vous vous êtes rencontrés pour la première fois dans cette vie-ci, vous avez sans doute ressenti une attirance immédiate, un bouleversement profond. Vous éprouvez souvent le besoin de « laisser tomber le masque » derrière lequel nous protégeons notre vie quotidienne et nos relations sociales...

Vos âmes amies et vous-même vous réincarnez souvent dans des temps et des lieux proches, afin que vos chemins puissent encore se croiser. À chaque fois, les liens déjà tissés se resserrent. Une simple raison justifie ces rencontres : vous travaillez ensemble dans le même domaine, ensemble vous apprenez... Il arrive parfois que plusieurs d'entre vous aient pris l'engagement de travailler ensemble au cours de plusieurs incarnations, pour apporter un changement spirituel, technologique, voire social, dans le monde.

Cette relation entre deux âmes peut parfois être assez récente. Chaque incarnation, chaque relation sème les graines qui permettront à de nouveaux liens de se nouer. À mesure de l'évolution de ce schéma, vous noterez que l'une des caractéristiques les plus marquantes de ce type de relation se résume en ce qu'elle ne tient compte ni de la race, ni du sexe, ni de l'âge, ni de l'apparence physique, ni d'aucun des pièges auxquels il est aisé de se faire prendre. Il s'agit bien là d'une âme qui reconnaît l'autre, comprenant que tout le reste n'est qu'artifice dont vous vous êtes paré pour votre incarnation actuelle.

L'une des expériences les plus agréables et enrichissantes de la vie est sans doute de connaître une (ou plusieurs) âme(s) amie(s). Notre raison d'être ici est d'élargir, autant que faire se peut, notre cercle d'expériences, d'apprendre à vivre en harmonie, si possible avec l'humanité tout entière. L'amitié avec une autre âme constitue une étape dans cette direction. Lorsque des liens d'amitié atteignent une certaine maturité, ils n'excluent pas les autres; bien au contraire, ils les attirent dans le cercle.

Peu importent vos objectifs : que vous vouliez améliorer vos relations dans leur ensemble, vous concentrer plus particulièrement sur vos rapports conjugaux, il convient de commencer par examiner les liens que vous avez avec une âme amie. Pourquoi cette relation-là est-elle si particulière? Est-elle due au respect, à la tolérance que vous avez l'une pour l'autre, à la courtoisie, à la patience avec laquelle vous prêtez une oreille attentive? Est-ce plutôt parce que vous acceptez vos différences d'opinion? Parce que vous vous sentez parfaitement libre de parler à cœur ouvert de vos sentiments, de vos peurs, de vos aspirations et de vos desseins? Est-ce simplement parce que vous avez l'impression de pouvoir être vous-même en sa présence? Ou encore parce que vous vous octroyez le droit de discuter, et même de vous mettre en colère, tout en sachant que l'amour que vous vous portez n'en sera nullement affecté? Êtes-vous capable de rire ensemble, d'admettre vos erreurs?

En cultivant ces attitudes, en poursuivant ces actions, vous allez permettre à votre mode de relation de prendre une nouvelle dimension, un nouveau départ. Si vos efforts visent à améliorer votre mariage, par exemple, vous pourriez bien en faire « un conte de fées ». Si vous devenez vous-même ce dont vous rêvez, votre vie va s'enrichir au sens propre du terme : ce qui dure bien plus d'une vie...

La régression dans les vies antérieures

En pratiquant la régression, vous placez votre inconscient sur la longueur d'ondes des souvenirs de vos expériences passées. La régression intervient parfois spontanément, sous l'effet d'une personne, d'un lieu ou d'un événement qui va déclencher le réflexe de mémorisation.

Il y a fort longtemps, bien avant que je ne sois familiarisée avec les régressions, je me suis sentie attirée par le sud des États-Unis, région romantique à souhait. À l'époque, je ne croyais guère à la réincarnation ; mais je pensais que s'il existait quoi que ce soit de la sorte, c'était sans doute dans le Sud que j'avais vécu, menant la vie d'une fragile et délicate « belle » du siècle dernier. Il m'arrivait fréquemment d'imaginer ce qu'avait dû être la vie à cette époque. Au cours d'un été, je passai par le site de la bataille de Vicksburg, dans le Mississippi. Ma douce image de « belle du Sud » s'y engloutit à tout jamais.

En parcourant en voiture ce site historique, je m'aperçus soudain qu'à mes yeux passagers et véhicule perdaient peu à peu de leur réalité. Je dus concentrer toute mon énergie pour mener à bien une simple conversation. Il me semble me souvenir qu'un de mes enfants s'exclama alors : « Oh ! j'aimerais tant que la bataille se déroule encore en ce moment, pour que nous puissions y assister. » Pour moi, elle faisait rage en cet instant précis.

L'air sentait la poudre, la fumée et le sang. Les cris des blessés et des mourants emplissaient l'atmosphère. Les bruits de la bataille m'encerclaient, tandis que l'armée de l'Union entreprenait de nous égorger. Je suivais mes hommes dans leur retraite, cherchant à atteindre une butte, terrifié que j'étais à la perspective de recevoir une balle dans le dos avant d'avoir rejoint un abri. Je savais maintenant comment je m'appelais, d'où je venais et comment j'étais parvenu ici. J'étais en même temps parfaitement consciente de l'identité de cet homme, de son passé, de son histoire, et de ma vie actuelle.

Un peu plus tard, nous allâmes voir le monument érigé à la mémoire des confédérés, où sont gravés les noms de ceux qui sont tombés au champ d'honneur. La vue de certains de ces noms me fit monter les larmes aux yeux, tandis que des images tout à fait réelles de visages familiers se dessinaient devant moi : ceux de mes camarades qui avaient trouvé la mort au cours de cet été sanglant de 1863. Pour moi, la guerre civile avait désormais perdu tout caractère romantique.

Cette expérience me causa une grande frayeur et m'impressionna fortement. Mon entourage n'étant nullement curieux des phénomènes « psi », je me gardai d'en souffler mot à âme qui vive. Pourtant, une fois rentrée à la maison, totalement désemparée, je m'effondrai en larmes dans les bras de mon mari; en sanglotant, je lui racontai à demi-mot toute l'histoire. Mon mari se montra aussi stupéfait que moi; mais il me réconforta, m'assurant que je n'étais pas en train de perdre la raison. Au cours des jours suivants, nous essayâmes tous deux de ne plus y penser.

Quelques semaines plus tard, je me retrouvai dans la salle d'attente d'un médecin passionné d'histoire en général, et de la période de la guerre civile en particulier. La bibliothèque regorgeait de volumes sur celle-ci. Je saisis l'un des plus anciens livres, et le feuilletai, m'attardant surtout sur les photographies. Je me souviens encore maintenant de la panique qui s'empara de moi lorsque j'eus sous les yeux « ma photo », portant aussi « mon nom », et une brève biographie, qui recoupait parfaitement mes « souvenirs ». Je jetai le livre au loin et m'enfuis du cabinet.

Ma réaction de l'époque me semble aujourd'hui bien mélodramatique, mais j'ignorais alors ce qui m'était arrivé. Cet incident venait à l'encontre de tout ce que l'on m'avait enseigné, de tout ce que l'on m'avait fait croire. Seuls les aliénés visualisaient des choses immatérielles ou se prenaient pour quelqu'un d'autre. Aucune de mes croyances religieuses ne pouvait étayer ces événements. En moi s'affrontaient deux tendances : l'une m'affirmait que j'étais en train de devenir « mentalement instable ». L'autre craignait tout autant de remettre en question toutes les convictions religieuses qui m'avaient guidée ma vie durant. Pourtant, au plus profond de moi-même, je SAVAIS que cette expérience avait bien eu lieu, et que j'avais effectivement vécu une vie en tant que soldat confédéré.

Les régressions spontanées ne donnent pas toujours lieu à

des descriptions aussi détaillées; mais, même moins réalistes, ces expériences peuvent être très inquiétantes, lorsque le sujet ne détient pas les connaissances nécessaires. Je pense, quant à moi, que des milliers de personnes ont connu de semblables épisodes, mais que, terrorisées et ignorantes, elles ont choisi de se taire.

Grâce à la méditation, on peut également faire remonter des souvenirs de vies écoulées. Il est courant que les adeptes de la méditation connaissent des visions, des impressions d'expériences provenant parfois de vies antérieures. Les concepts antérieurement assimilés, la connaissance précédemment acquise sont ainsi fréquemment ramenés au niveau de la conscience.

Les jeunes enfants gardent souvent des souvenirs précis d'aventures vécues dans les vies passées, mais qui s'effacent lorsqu'ils grandissent. Leurs rêveries, les jeux au cours desquels ils s'amusent à faire « comme si », trouvent la plupart du temps leur origine dans ces souvenirs. Les parents, généralement trop occupés pour prêter une oreille attentive, n'encouragent nullement leurs rêveries, et estiment, que leur imagination est trop fertile. En grandissant, les enfants tendent à supprimer ces activités mentales, qu'ils pourraient pourtant canaliser pour mener une vie plus épanouie.

Il y a vingt ou trente ans, les enfants connaissaient moins de contacts avec le monde extérieur. Il était donc plus facile de dissocier les souvenirs provenant réellement de vies antérieures de ceux que provoquent les histoires que l'enfant a entendues. La télévision appartient maintenant à la vie quotidienne, et fait même souvent office de baby-sitter. Comment deviner alors ce qui appartient aux vies passées, et ce qui n'est que le reflet des programmes du petit écran?

Enfants comme adultes reconnaissent dans leurs rêves des bribes de leur passé. Cauchemars et rêves répétitifs trouvent souvent leur racine dans une expérience désagréable ou effrayante, vécue dans une autre vie.

Jamais je n'encourage les parents à provoquer chez de jeunes enfants le souvenir des expériences passées. Il suffit de prêter une oreille attentive à ce qui est dit spontanément et d'observer ensuite : ces informations peuvent contribuer à expliquer certains comportements, certaines frayeurs. Une attitude singulière donne souvent la clef d'expériences provenant de vies antérieures.

Ainsi, à peine notre fille aînée fut-elle assez grande pour s'exprimer qu'elle refusa catégoriquement de quitter la maison – même pour s'éloigner de quelques centaines de mètres – sans emporter une bouteille d'eau et un peu de nourriture. Elle n'utilisait que très rarement ses provisions. J'essayai bien de lui faire renoncer à ce que je prenais pour un « caprice », mais ses réactions furent d'une rare violence. Je compris qu'il y avait là plus qu'une simple lubie d'enfant. Il me fallut déployer une patience infinie pour la persuader, peu à peu, que je gardais toujours de l'argent sur moi (je lui en confiai aussi), et je l'assurai qu'au cas où elle aurait faim ou soif nous nous arrêterions en chemin.

Cette attitude allait de pair avec le fait qu'il m'arrivait souvent de trouver dans sa chambre des morceaux de sandwichs, du fromage ou des carottes, une pomme ou d'autres aliments, soigneusement emballés dans une serviette et dissimulés. Cela témoignait sans conteste d'une grande insécurité à l'égard de la nourriture. Rien dans cette vie ne pouvait expliquer une telle attitude. Ma fille n'était alors âgée que de trois ou quatre ans, et donc beaucoup trop jeune pour être soumise à l'expérience de la régression. Je me contentai donc, en attendant, de m'assurer qu'elle avait toujours de quoi grignoter à portée de la main; peu à peu, elle cessa de cacher de la nourriture.

Quelques années plus tard, nous découvrîmes qu'au cours de ce qui avait probablement été sa dernière vie elle était morte de faim. Elle a maintenant vingt ans, et reconnaît que, aujourd'hui encore, lorsqu'elle sort sans suffisamment d'argent pour s'acheter de quoi manger, elle est prise d'un sentiment de malaise; maintenant qu'elle en connaît la cause, elle est en mesure d'affronter le problème.

Cette enfant aurait pu être gravement traumatisée si, au lieu d'essayer de comprendre la raison de son attitude, nous avions traité le problème comme un simple caprice.

Prêter une oreille attentive à nos enfants, observer patiemment leur comportement, voilà probablement ce que nous pouvons faire de plus utile pour eux, en ce qui concerne les rapports éventuels entre leur comportement et leurs vies antérieures. Il faut encourager tous les éléments positifs, fournir toutes les occasions possibles pour que les talents se développent. Quant aux attitudes négatives, il convient de déterminer s'il s'agit là d'une simple attitude normale pour l'âge de l'enfant, d'un trait inhérent à sa personnalité, ou d'une manie isolée, qui vient systématiquement répondre à un type de situation donné. Le simple fait de demander à l'enfant pourquoi il agit de la sorte provoque parfois une réponse très révélatrice. Il convient de ne le faire que lorsque l'enfant est détendu et heureux. S'il exprime une peur qui ne trouve pas de fondement dans la vie présente, il faut le rassurer, lui expliquer que ces événements qui l'effraient ont eu lieu dans une vie passée, à une époque révolue, en des lieux et des circonstances différents, et qu'en conséquence il n'a plus besoin d'en concevoir une crainte quelconque. Il faut aussi déployer tous les efforts raisonnablement possibles afin de donner à l'enfant un sentiment de sécurité, dans ce domaine en particulier.

Aussi étrange ou bizarre que cette peur puisse vous sembler, n'en riez pas et ne la prenez pas à la légère. Rien n'est plus inquiétant et pénible pour un enfant que d'avoir une peur qui est pour lui bien réelle, et tournée en dérision par ceux qui représentent pour lui sécurité et refuge. Sa peur peut avoir des fondements parfaitement justifiés.

Un enfant qui a peur du noir et réclame une lumière pour s'endormir pourrait, par exemple, avoir été un prisonnier de guerre, demeuré des semaines entières, voire des mois, dans un trou sombre, avant d'y trouver la mort. Un enfant qui montre une peur irraisonnée de l'eau a pu se noyer. Il est cruel et inutile de pousser les hauts cris à propos de ces frayeurs, ridicule et déplacé d'obliger un enfant comme ceux-là à rester dans le noir ou à plonger. Avec le temps et de la patience, l'enfant surmontera de lui-même ses frayeurs, s'il se sent rassuré par son environnement.

Si vous voulez vraiment être utile à votre enfant, laissez-le rêvasser de temps en temps : vous stimulerez son imaginaire, ce qui lui servira tout au long de sa vie. L'imagination a toujours été à la source de toute création et de toute réussite. En faisant appel aux trésors de celle-ci, on déclenche les ressources accumulées au cours des différentes et nombreuses vies passées.

L'expression « déjà vu » * fait partie du vocabulaire français et se trouve fréquemment associé à la réincarnation et aux souvenirs des vies antérieures. Elle s'applique spécialement aux moments où on a soudain l'impression d'avoir déjà tenu la même conversation, de s'être déjà trouvé au même endroit, en compagnie des mêmes personnes. Un rêve prémonitoire en est souvent la cause, mais on ne s'en souvient pas consciemment; il peut s'agir aussi d'une sorte de répétition instantanée, avec un effet de prémonition.

La sensation de « déjà vu » est parfois en relation directe avec une expérience de la vie passée. Un an ou deux avant mon aventure sur le champ de bataille de la guerre civile, j'étais allée camper dans un coin du sud-ouest des États-Unis, dans lequel je ne m'étais encore jamais rendue. Bien que sauvage et rude, la région me semblait familière. Je savais ce qu'il y aurait au détour du canyon, reconnaissant certaines formations rocheuses à l'allure étrange, et plus encore que partout ailleurs je me sentais « chez moi ». Quelques années plus tard, après avoir fait l'expérience de plusieurs régressions, j'eus l'occasion de revenir dans ladite région, en compagnie, cette fois, de quelques amis qui en avaient également pratiqué. La contrée leur était aussi familière qu'à moi et il nous fallut peu de temps pour nous rendre compte qu'au cours des siècles nous avions été amenés à vivre plusieurs incarnations dans cet endroit précis.

Nous décidâmes de mettre nos mémoires à l'épreuve, et de vérifier les informations glanées au cours de nos régressions. Nous savions, par exemple, où devait se trouver une cascade, un endroit où nous aimions à nous cacher lorsque nous étions enfants, le lieu de certains de nos rendez-vous amoureux, les ruines d'un village ou encore un endroit de vénération. Bien qu'aucun d'entre nous ne se soit jamais rendu dans ces endroits reculés dans notre vie actuelle, nous n'eûmes aucune peine à localiser tous ces souvenirs.

L'hypnose conventionnelle constitue sans doute la méthode le plus fréquemment utilisée pour régresser dans les

* En français dans le texte.

vies antérieures. Lorsque l'hypnotiseur est compétent et qu'il n'est pas opposé lui-même à la théorie de la réincarnation, la méthode se révèle très efficace. Néanmoins il n'est pas toujours facile de trouver quelqu'un qui soit à la fois un professionnel sérieux, et qui croie à la réincarnation. De plus, cette entreprise peut être fort coûteuse.

On peut reprocher à cette technique qu'elle ne requière pas d'implication consciente de la part de celui qui est en situation de régression : il peut arriver que l'hypnotiseur renonce à d'importants indices qu'il conviendrait d'explorer plus avant. Par négligence ou par impatience, certaines des questions posées peuvent suggérer des réponses au subconscient. Il est aussi possible que l'hypnotiseur fasse remonter à la surface des souvenirs traumatisants ou gênants. De plus, la personne « régressée » doit souvent se fier à ce que l'hypnotiseur lui aconte de sa régression, plutôt qu'à ses propres souvenirs. La version que donne l'hypnotiseur des informations révélées durant les séances peut parfois être teintée aux couleurs de son interprétation personnelle.

En utilisant la méthode de régression qui vous est présentée dans cet ouvrage, vous aurez le loisir de diriger vous-même les recherches, au cours de la régression même. Vous pourrez déterminer à quel moment achever une séance tout en conservant l'intégralité de vos souvenirs. Vous aurez le choix de revivre – ou non – une expérience qui pourrait se révéler inconfortable – voire traumatisante. Vous aurez le loisir de répondre à certaines questions, en gardant la réponse pour vous. Vous pourrez être « régressé » par la personne de votre choix, chez vous si bon vous semble, quand vous en aurez envie, et le tout sans bourse délier. Vous pourrez même, après quelques régressions, vous lancer seul dans l'expérience.

Qu'est-ce que le karma?

Le karma désigne la relation entre cause et effet. C'est la rencontre avec soi-même, la récolte de la semence. Le karma ne se donne pas pour but de punir, mais bien plutôt de nous enseigner et de nous aider à apprendre à vivre en harmonie avec l'Univers.

La loi de causalité est universelle. À chaque action ou cause correspond une réaction, c'est-à-dire un effet. Cette règle est immuable et insurmontable. En revanche, il nous est possible d'agir sur l'action et sur la cause de celle-ci, puisque nous en déclenchons le processus; la manière dont nous réagissons aux effets de ces causes dépend aussi de nous. Notre propre attitude transforme donc le karma en une influence positive ou négative dans notre vie. En lui-même, le karma n'est ni bon ni mauvais. Il se contente d'être.

Il est courant d'utiliser à propos du karma l'expression de « dette cosmique », d'en parler en termes de souffrance, d'en évoquer les aspects déplaisants lorsqu'ils apparaissent dans nos vies. On oublie souvent de mentionner les richesses telles que : savoir, sagesse, talents, dons, amour qui font, elles aussi, partie de ce que nous recevons de nos vies passées, et donc de la loi de causalité : notre héritage karmique.

Prenons un exemple simple : si les chaussures que vous portez sont trop étroites, vous aurez mal aux pieds. Cause → effet. Pour résoudre votre problème, une alternative vous échoit : persister à porter vos chaussures, vous sentir malheureux, abîmer vos pieds peut-être, faire pâtir votre entourage des effets de votre méchante humeur; ou tout aussi bien tirer les leçons de cette expérience, et adopter désormais des chaussures confortables, afin d'avoir l'esprit libre et de vous concentrer sur d'autres sujets. Voilà une manière bien simpliste d'envisager le karma, penserez-vous sans doute; il s'agit pourtant là d'une approche réaliste.

Nombreux sont ceux qui expliquent le karma en disant : si vous avez fait souffrir quelqu'un dans une vie passée, il vous faudra souffrir à votre tour. Mais dans quelle mesure? Comment le fait de générer plus de souffrance dans ce monde pourra-t-il bénéficier à qui que ce soit? N'est-il pas beaucoup plus positif de transformer ces énergies en outils allégeant la souffrance?

Une partie de notre évolution spirituelle consiste à comprendre que le karma ne vise pas à être un système de punitions et de récompenses, mais un apprentissage de la sagesse. Libre à nous alors de choisir la méthode d'enseignement (la pédagogie) la plus positive et la plus bénéfique, pour nous comme pour les autres. Bien comprendre la loi karmique présente un autre avantage : lorsqu'un concept ou son principe a été convenablement assimilé, il ne se révèle plus nécessaire de vivre toute une série d'événements pour satisfaire l'aspect « effet » de la loi.

Nos talents, nos dons, l'instinct grâce auxquels nous triomphons de situations nouvelles et parfois délicates, la confiance en nous ressentie dans certaines circonstances de notre vie, tout cela représente aussi le résultat de nos actions passées. Au cours des milliers d'années de notre existence, nous avons accumulé une somme incroyable de savoirs et de talents dans un grand nombre de domaines, lorsque nous avons su y mener jusqu'au bout nos efforts; dans d'autres cas, différentes raisons nous ont conduit à abandonner en cours de route la tâche entreprise. La connaissance que nous en avons tirée fait néanmoins partie intégrante de nous-même. Si bon nous semble, et grâce à la régression, nous pourrons recouvrer ce savoir pour en user dans notre vie actuelle.

Permettez-moi de vous donner un exemple : certains événements m'ont conduite, il y a quelques années, à m'intéresser à la médecine douce (médecine par les plantes et recettes « de bonne femme »). J'avais envie d'en apprendre autant que possible dans ce domaine. Mais mon emploi du temps était extrêmement chargé, et je ne réussissais pas alors à me pencher sur le sujet avec toute l'attention souhaitable. Je fus ravie de découvrir qu'au cours de trois incarnations, un peu partout dans le monde, j'avais acquis une certaine maîtrise dans cet art de guérir. En passant simplement deux heures à revivre les expériences accumulées au cours de ces vies passées, je vis mon savoir actuel augmenter considérablement; de plus, ces informations se trouvaient maintenant à portée de ma mémoire; il me suffisait, pour cela, de consacrer un peu de temps à la lecture (surtout afin de vérifier les informations « récupérées »); j'eus l'occasion de m'apercevoir que je pouvais les utiliser lorsque, quelque temps après, je dus faire face à une situation d'urgence, sans qu'il me soit possible de faire appel à la médecine traditionnelle.

Il s'agit là d'un exemple caractéristique de la manière dont « fonctionne » le karma : les premières actions ont consisté à passer plusieurs vies à étudier le sujet; l'effet atteint a permis d'accumuler une somme de connaissances, que j'ai ensuite pu récupérer. Au cours de l'action suivante, la connaissance emmagasinée a été mise en œuvre, dans une situation critique.

La relation entre cause et effet est parfaitement intégrée à notre vie quotidienne. Nous avons aussi à faire front aux effets des actions d'autrui; pourtant, nous pouvons encore une fois choisir la manière dont ces actions vont nous affecter. Si vous ne payez pas votre note d'électricité, par exemple, on vous coupera le courant. Si vous vous en acquittez, le courant continuera à circuler jusque chez vous, à moins, bien sûr, que la ligne à haute tension ne soit accidentellement rompue. Cela vous affectera directement : soit vous commencez alors à fulminer, à vous plaindre auprès de l'E.D.F., à en faire toute une histoire et à vous mettre dans tous vos états; soit vous ferez preuve d'imagination et transformerez cet incident en une aventure mémorable, pour votre famille et vous-même. Tout cela ne dépend que de vous...

Voilà un sujet longuement traité? Il me semble, en effet, de la plus haute importance que vous compreniez que le karma, telle l'épée de Damoclès, suspendue au-dessus de vos têtes, ne s'apprête pas à fondre sur vous pour vous infliger d'affreux malheurs. Comprendre le karma doit vous permettre de prendre un certain recul par rapport au quotidien, en dissociant ce qui est réellement important de ce qui l'est moins. Comprendre signifie apprendre, savoir prendre vos propres responsabilités dans votre vie; avoir conscience aussi que l'attitude adoptée est primordiale.

Vous êtes libre de faire ce que vous voulez, réellement. Il ne vous semblera peut-être pas facile d'adopter cette idée : elle implique que vous acceptiez de prendre personnellement la responsabilité de ce qui survient dans votre vie. Accepter cette idée, c'est aussi renoncer à rejeter la faute sur les circonstances, sur le karma, sur quelqu'un ou quelque chose d'autre. Vous, et vous seul, êtes en cause.

Vous vous voyez amené à agir d'une manière qui ne vous convient pas vraiment, du moins vous plaisez-vous à le croire.

Vous souhaiteriez réaliser tellement d'autres projets, en vain, pensez-vous. Examinons ensemble, si vous le voulez bien, l'authenticité de telles affirmations.

La plainte le plus communément entendue concerne le travail : nombreux sont ceux qui n'aiment pas leur profession – vous figurez peut-être parmi eux. Alors pourquoi ne pas en changer? Est-il plus confortable de rester les bras ballants et de se plaindre que de chercher un autre emploi? Peut-être avez-vous peur de quitter vos habitudes? Mieux vaut un terrain bien connu qu'un saut dans l'aventure? Peut-être aussi n'est-il pas aisé de dénicher un poste dans votre région, et vous estimez-vous déjà heureux d'en avoir un, bien qu'il ne vous plaise guère. Cette fonction est-elle une étape nécessaire dans la carrière que vous vous êtes tracée? S'agit-il encore de la seule spécialité dont vous ayez reçu la formation? Mais avez-vous vraiment cherché un moyen de suivre un stage de formation ou de reconversion, par exemple?

En fait, si vous prenez le courage de vous poser des questions (et celui d'y répondre en toute sincérité), vous devrez admettre ceci : c'est *vous* qui avez décidé de garder cet emploi, de rester dans cette situation. Il s'agit de *votre* choix. Peut-être n'êtes-vous pas prêt à rançonner votre évolution ou bien les conditions actuelles vous font-elles juger plus raisonnable de demeurer pour le moment dans la même position.

Vous pouvez vous poser les mêmes questions à propos des raisons qui vous empêchent d'accomplir certains projets que vous aimeriez réaliser. Une excuse fréquemment invoquée : on ne se sent pas capable de réussir, alors même qu'on en aurait envie. Mais, à moins d'essayer, vous n'obtiendrez jamais la réponse.

Il est des êtres sachant s'élever au-dessus des handicaps, qu'ils soient physiques, mentaux, émotionnels, économiques et (ou) sociaux, pour atteindre les objectifs qu'ils se sont fixés. D'autres encore refusent simplement de renoncer. Si une porte se claque devant eux, ils en essaient une autre, puis une autre encore. Ils n'acceptent pas la défaite, se savent responsables d'eux-mêmes, de leurs succès et de leurs échecs. Les insuccès doivent s'interpréter comme des expériences d'apprentissage pour engendrer la réussite.

D'autres, enfin, préfèrent toujours blâmer autrui, les circonstances ou quoi que ce soit d'autre (jamais eux-mêmes) en ce qui concerne leur situation. Ils occupent ainsi leur vie à se lamenter sur leur sort, sans jamais faire le moindre effort pour y changer quoi que ce soit. En fait, s'ils s'y hasardaient, ils courraient le risque d'échouer. En ne tentant rien, ils sont assurés de ne jamais encourir d'échec. Pis même : ils pourraient bien réussir, n'ayant plus alors qu'à admettre qu'il leur avait toujours été possible de changer leur situation...

Un changement d'attitude suffit la plupart du temps à ouvrir la porte au succès et au bonheur. Il y a de fort nombreuses années, j'étais arrivée à un « creux » dans ma vie; j'avais le sentiment de mener une existence inutile et ennuyeuse; le sentiment que jamais je ne connaitrais autre chose que des problèmes... Un jour, je m'en pris à ma fille, alors âgée de trois ans, parce qu'elle s'entêtait à vouloir explorer un terrain vague, couvert de mauvaises herbes plus hautes que moi. Me saisissant la main, elle me conduisit au milieu de l'enchevêtrement des tiges et me montra du doigt le tapis de fleurs minuscules qui recouvrait le sol : « Maman, me dit-elle, les petites filles n'aperçoivent pas les mauvaises herbes, elles ne voient que les fleurs ».

Ces mots me trottèrent dans la tête, sans que je puisse les oublier. Plus j'y pensais, plus ils me mettaient mal à l'aise, car leur signification me semblait plus profonde qu'il n'y paraissait a priori. Il me fallut un certain temps pour admettre qu'en fait je m'éveillais le matin en m'attendant à ne trouver que des mauvaises herbes dans ma vie. Je m'étais laissée aller à oublier les fleurs. J'avais deux filles splendides et en parfaite santé, un mari qui m'aimait, une famille merveilleuse, une ravissante maison toute neuve, et j'étais entourée d'amis. Il me suffisait donc de faire fonctionner ma tête et d'utiliser mes talents cachés, talents que je ne m'étais même pas donné la peine de découvrir.

Je fis un effort volontaire et conscient pour accueillir chaque nouveau jour qui passait comme une occasion de chercher (et de trouver) les fleurs de la vie. Les circonstances de mon existence n'ont pas changé, mais mon attitude s'est totalement modifiée. Ma vie a soudain été transformée : elle est devenue intéressante, voire passionnante. Soudain, les portes ont commencé à s'ouvrir; elles menaient sur des chemins étranges et merveilleux, Sans doute avaient-elles été là de tout temps, mais j'avais été bien trop occupée à recenser les mauvaises herbes pour les distinguer.

L'attitude que vous affichez, envers vous-même comme à l'égard des autres, va influer directement sur l'importance que prendra pour vous une régression dans les vies antérieures. En découvrant les mauvaises herbes, vous comprendrez mieux ce qui, dans le passé, a poussé dans le jardin de votre vie; vous saurez quelles graines attendent, enfouies dans le sol, de germer et de renaître. Le plus important malgré tout, ce sont les fleurs qui abondent et s'épanouissent dans votre vie. Nourrissez-les, favorisez leur croissance en arrachant les mauvaises herbes. Mettez ces dernières dans un compost mental, afin qu'elles se décomposent et se transforment en une substance nutritive : les fleurs y puiseront leur nourriture. Détermination et attitude positive sont les clés qui vous permettront de tirer profit de toute situation, de la façonner, de l'utiliser à votre avantage.

Chapitre II

La mise en scène

Le cadre dans lequel vous allez faire vos premières expériences de régression est très important : il convient donc d'y apporter le plus grand soin. L'expérience est nouvelle pour vous et peut vous mettre légèrement mal à l'aise. Il convient donc de choisir un lieu dans lequel vous vous sentirez physiquement et psychologiquement bien et où vous n'aurez pas à craindre d'irruptions intempestives. Lorsque, dans quelque temps, vous aurez pris l'habitude de cette expérience, vous constaterez que, même si la télévision est allumée, même si les enfants jouent dans la pièce et même si le téléphone ou la porte carillonne, vous n'aurez aucun mal à entrer en régression. Vous y parviendrez bien vite en tondant la pelouse ou en faisant le ménage.

Choisissez un endroit tranquille, où vous ne risquez pas d'être interrompu, où vous pouvez vous allonger et ôter vos chaussures. Il est souhaitable d'avoir une couverture à portée de la main : il est fréquent que l'on ait un peu froid pendant les régressions. Votre activité mentale va se produire à des niveaux auxquels les activités corporelles sont accélérées, et vous aurez probablement besoin d'éliminer à la fin de l'expérience. Il s'agit là d'un phénomène parfaitement naturel.

Pour votre toute première séance, vous vous sentirez sans doute plus à l'aise en compagnie d'une seule personne. Mais il se peut que, pour vous, ce détail importe peu. (Un homme de ma connaissance ne voulait sous aucun prétexte que sa femme soit présente lors de sa première régression. Il était persuadé, à tort d'ailleurs, qu'il avait agi peu glorieusement au cours d'une bataille et ne voulait pas qu'elle l'apprenne.) Choisissez donc quelqu'un avec qui vous vous sentez parfaitement en confiance, pour vous assister lors des premières fois. Si l'avis de tiers compte pour vous, vous risqueriez de vous en préoccuper plus que de la régression elle-même.

Les expériences peuvent s'effectuer en présence de plusieurs participants, qui peuvent tous poser des questions. Mais ne confondez pas régressions et jeux de société : n'entreprenez pas d'expériences dans une atmosphère de réception mondaine; les régressions sont comme les auberges espagnoles : vous en dégagerez ce que vous y aurez investi.

Attitudes mentales et émotionnelles

Les sujets en cours de régression sont extrêmement réceptifs aux attitudes mentales et émotionnelles de leur entourage. Il faut donc s'efforcer de maintenir une atmosphère détendue et positive. Les traits d'humour ne sont pas déplacés, et contribueront à contrebalancer les tensions. Évitez de considérer la régression comme un test : il ne s'agit pas d'un examen auquel vous risquez d'échouer. Il s'agit simplement d'une expérience visant à faire revenir d'un passé lointain des souvenirs enfouis. Certains ont plus de facilité que d'autres à évoquer leurs souvenirs d'enfance; il en ira de même pour les détails concernant les évocations d'autres vies.

Je me souviens de la régression d'une charmante dame qui se lança dans la description détaillée d'une vie au cours de laquelle rien ne s'était passé. Le récit était tellement ennuyeux que nous nous endormîmes toutes les deux! Nous avions fini par savoir ce que sa famille mangeait à chaque repas, la manière dont la table était mise, et une foule de détails de la vie quotidienne, mais nous ne pûmes rien apprendre d'important en relation avec sa vie actuelle. La seule raison qui nous incitait à continuer était l'idée qu'à un moment ou à un autre il avait nécessairement dû se passer quelque chose au cours de cette vie-là. En fait, elle était morte dans la maison dans laquelle elle était née, et les jours s'étaient succédés, sans grand changement. On peut en conclure qu'en essayant d'obtenir toujours plus de renseignements, on n'aboutit pas toujours à des découvertes.

Au cours d'une autre séance, un monsieur n'obtint la première fois qu'une série d'impressions vagues et fugaces, provenant en même temps de plusieurs vies. Il ne se souvenait ni des noms ni des lieux, et n'éprouvait qu'une sensation confuse à propos des événements passés. En fait, l'expérience fut très instructive : à chacune de ses vies correspondait un schéma de solitude. Il en apprit beaucoup sur ses comportements actuels et sur les raisons qui lui faisaient rencontrer des difficultés dans sa vie présente.

Les notes

Il est important de conserver trace des régressions, et les notes écrites sont, à mon avis, les plus fiables. Il est simple, en effet, d'insérer de nouvelles notes, à mesure que les détails reviennent en mémoire; il est aussi plus facile de repérer les informations les plus importantes à partir d'un texte écrit qu'en écoutant un enregistrement sur bande magnétique. Au début, la prise de notes écrites requiert la présence d'une tierce personne, chargée uniquement de transcrire. Le fait d'apprendre la technique de régression tout en essayant de prendre des notes est un peu comme jongler avec des œufs frais pour la première fois : délicat, et très énervant!

Si vous prenez des notes, la réponse suffira la plupart du

temps à expliciter la question. Sinon, ajoutez quelques mots clés afin que le lecteur puisse saisir ce dont il s'agissait. Si vous n'avez pas compris ce qui s'est dit, n'hésitez pas à faire répéter.

La présence d'un magnétophone paralyse totalement certains sujets ou tout au moins les gêne. Si tel n'est pas le cas, je vous encourage à en faire usage, en prenant soin de vous assurer de la bonne qualité de la bande magnétique. Rien n'est plus frustrant, en effet, qu'une régression intéressante gâchée par une cassette inaudible. Il convient néanmoins d'établir une transcription des enregistrements.

Pourquoi conserver des « archives » de vos régressions? Parce qu'une information qui au premier abord semble insignifiante peut se révéler très importante quelque temps plus tard. Il advient aussi que l'on retrouve des schémas grâce à la comparaison des notes des premières régressions avec d'autres, postérieures. L'étude des notes permet également d'ouvrir de nouvelles perspectives, qui n'apparaissaient pas au premier examen. J'ai, pour ma part, passé en revue des notes prises au cours de mes propres régressions et datant d'une dizaine d'années. J'y ai trouvé la clef de certaines situations actuelles, et des schémas qui, à l'époque, n'avaient pour moi aucune signification. Plus question de me plaindre sur la place que ces dossiers occupent!

Vous ne tarderez pas non plus à vous apercevoir qu'après une régression vos souvenirs ressurgissent en plus grand nombre. Ces détails supplémentaires vous permettront aussi de considérer les événements sous un angle différent.

Comment procéder : instructions générales

Pour la personne dirigeant la régression : soyez surtout détendu. Conduire une régression se révélera une expérience fort utile pour vous aussi. Plus vous mènerez de régressions, plus il vous deviendra naturel de poser des questions susceptibles de susciter des informations importantes. Ayez l'esprit ouvert et une attitude positive : il ne s'agit pas, pour vous non plus, d'un examen auquel vous risquez d'échouer; le monde ne s'arrêtera pas de tourner si vous ne suivez pas la technique à la lettre.

Gardez à l'esprit quelques points importants :

– ne vous croyez pas obligé de mettre en état de régression toutes les personnes qui vous le demandent;

– ne prenez jamais cette responsabilité auprès de quelqu'un qui souffre de troubles émotionnels ou mentaux; laissez les professionnels s'en charger;

– ne servez pas les intentions d'exhibitionnistes ou de ceux qui veulent simplement attirer votre attention. Votre temps est bien trop précieux pour le perdre avec qui n'y voit qu'un nouveau jeu;

– soyez vigilant pendant les expériences : notez tout signe de tension extrême ou de stress important, comme, par exemple, mouvements brusques des mains, poings serrés, mâchoires contractées, rires incontrôlables ou anormaux, pleurs, s'ils accompagnent de l'un des signes précédemment cités. Les larmes en elles-mêmes sont généralement le signe d'une catharsis saine et logique, surtout si elles sont en relation directe avec l'incident relaté. Si vous deviez être confronté à une situation au cours de laquelle le sujet « régressé » est en état de détresse profonde, demandez-lui calmement si quelque chose le dérange et s'il préférerait arrêter la séance ou contourner simplement l'événement et passer à autre chose. Rappelez-lui d'une voix douce qu'il se trouve « à l'époque actuelle et ici même ». Dites, par exemple : « Il ne s'agit que d'un simple exercice de mémoire; vous n'avez nul besoin de ressentir douleur ou détresse sous quelque forme et à quelque niveau que ce soit. »

Si la personne en cours de régression indique qu'elle préfère en rester là, répétez à nouveau les affirmations positives à la fin de l'expérience. Si, au contraire, elle exprime le désir de continuer, demandez-lui d'avancer dans le temps : une semaine, un mois ou un an... tout laps de temps qui vous semblera approprié, et reprenez la séance. Il est souhaitable, après la régression, de parler de la cause de la détresse, si le sujet y consent. Lorsque les souvenirs sont déclenchés, il peut être plus facile d'en discuter en dehors de la séance elle-même, l'implication émotionnelle étant moindre. Si le sujet montre quelque réticence, ne le forcez pas. Contentez-vous d'une attitude compréhensive et ne vous permettez jamais d'exprimer un jugement. Apprenez-lui simplement que le fait de chercher les causes de sa détresse l'aiderait à se libérer des émotions qui y sont attachées, à prendre du recul et à faciliter le processus. Mais n'insistez pas.

Au cours de quelque vingt ans d'expérience, avec plus de deux mille régressions à mon actif, je n'ai jamais été confrontée à une situation traumatisante lorsqu'elle a été traitée de cette manière. En fait, il vous arrivera très rarement – sans doute jamais – de rencontrer des cas de détresse extrême. Oubliez complètement les scènes dramatiques que vous avez pu voir sur le petit ou le grand écran et qui vous montraient des régressions : elles n'ont que fort peu – voire rien – à voir avec celles de la vie réelle. Il est absolument exclu de faire une expérimentation avec un sujet qui se laisserait enfermer dans sa vie antérieure sans pouvoir revenir à l'époque actuelle.

La technique de régression est articulée de telle sorte qu'elle contient des « barrières de sécurité » et qu'elle évite certains mots et certaines phrases qui ont pu déclencher des effets non souhaitables dans le grand public. Cette technique comprend deux parties importantes : la première consiste à mettre l'accent sur le fait qu'il s'agit d'un exercice de mémoire. La deuxième s'assortit d'affirmations positives de conclusion.

Lorsque vous dirigez une régression, acceptez sans discuter les réponses qui vous sont fournies. Vous n'êtes pas là pour interrompre l'expérience. Faites également attention à ne pas formuler de questions « dirigées », même si vous avez l'impression de ressentir ce que la personne en régression voit et expérimente. Par exemple, si elle ne peut décrire clairement ce qui l'entoure, alors que vous avez l'impression de le savoir, ne demandez pas : « Êtes-vous dans une maison ? » Dites plutôt : « Vous trouvez-vous à l'intérieur d'une structure, ou en plein air ? Êtes-vous à la campagne, dans un village, une petite ville ou une ville de grande importance ? » Donnez-leur le choix, leur esprit se concentrera sur la bonne réponse.

Faites parler la personne et incitez-la à se montrer

observatrice, sans toutefois s'enliser dans des détails ennuyeux. Ne passez pas trop de temps sur la même période. Faites défiler le temps. Les incarnations peuvent être explorées plus en détail après deux ou trois séances de régression, lorsque le sujet se sera familiarisé avec la technique. L'expérience dans une vie donnée déclenche des souvenirs spontanés, et il se révèle souvent inutile d'en continuer l'exploration.

Soulignez souvent le fait qu' « il ne s'agit que d'un simple exercice de mémoire. »

Limitez la première régression à environ une heure, plus tard vous pourrez prolonger les séances comme vous le jugerez utile. À ce stade mental particulier, vous constaterez une distorsion du temps : la régression pourra sembler beaucoup plus longue ou beaucoup plus brève qu'elle ne l'est en réalité.

Vous avez pour mission essentielle d'aider la personne à concentrer son attention, grâce aux questions que vous lui poserez. Votre rôle ne consiste pas à prendre le contrôle de la personne ou de la séance. En fait, il est extrêmement facile de conduire une expérience; les situations auxquelles vous êtes confronté dans la vie quotidienne sont bien plus compliquées. Certes, il est compréhensible que vous vous sentiez un peu tendu, comme chaque fois que vous abordez une situation nouvelle. Mais, plus vous serez détendu, plus la personne régressée se sentira à l'aise. L'inconnu représente toujours une crainte et l'esprit est l'un des derniers territoires qu'il reste à explorer. N'oubliez cependant jamais que nous sommes à la fois esprit et âme (quelque appellation que vous vouliez leur donner). Nous sommes donc NOUS-MÊMES l'ultime frontière.

Pour la personne en régression, le maître mot est : détente! Il ne s'agit là que d'un simple exercice consistant à explorer votre mémoire. Il n'existe pas de bonnes ou de mauvaises réponses. Formulez donc la première impression qui vous vient à l'esprit, pour essayer de réfléchir ensuite aux réponses ou de mettre en corrélation vos impressions avec les faits généralement acceptés. Une information semble s'écarter de l'histoire. Sachez qu'il n'est pas rare de constater qu'entre l'histoire écrite et les événements réellement passés il y a souvent une grande différence.

L'information peut vous parvenir de différentes façons.

Certains éprouvent la sensation de revivre effectivement une incarnation donnée, avec tous les éléments sensoriels qui l'accompagnent. Ils ont fréquemment l'impression d'être des observateurs d'événements qui se déroulent devant eux. D'autres captent peu ou pas d'impressions visuelles mais entendent, goûtent, sentent et ressentent les événements et leur environnement. Certains obtiennent presque toutes leurs informations à travers des sensations physiques. D'autres ne reçoivent pas de données sensorielles; ils CONNAISSENT les réponses, tout simplement.

Il ne se trouve pas de méthode meilleure ou moins précise d'obtenir des informations. Bien sûr, ceux qui ne connaissent pas d'impressions visuelles ont tendance à s'en inquiéter; cela peut même interférer sur le processus en cours. L'un de mes proches amis, par exemple, est l'un des meilleurs « voyants » que je connaisse, aux informations précises et détaillées. Mais il ne reçoit pas d'images mentales et se sent extrêmement frustré. Il veut « voir », à tout prix. Au fil des ans, je l'ai fait régresser de nombreuses fois; nous avons obtenu une masse importante d'informations, pourtant il continue à croire qu'il ne peut pas régresser réellement, puisqu'il n'obtient aucune image.

La régression vous permet de mieux vous connaître. Il vous faut apprendre à percevoir les changements subtils qui s'opèrent dans vos sens et dans votre corps, au cours de l'expérience. Toutes ces modifications vous permettent d'obtenir d'autres informations. Admettons que vous cherchiez à savoir où vous vous trouviez dans cette vie antérieure. Peut-être aurez-vous soudain l'impression que le soleil vous caresse la peau ou qu'une douce brise vous rafraîchit. Il y a de grandes chances pour que vous soyez au grand air. Peut-être avez-vous soudain conscience d'une senteur qui n'appartient pas à votre environnement physique immédiat. Si, par exemple, vous êtes actuellement dans une grande ville et qu'il vous semble sentir une odeur de ferme pendant la régression, on peut supposer, sans prendre trop de risques, que dans cette incarnation-là, vous êtes dans une ferme, ou proche d'elle, et que non loin de là se trouvent du bétail et des chevaux. En étant sensible à ces impressions subtiles, vous parviendrez à concentrer votre attention sur cette vie passée et à susciter des perceptions plus vivantes ainsi que des données sensorielles. Tout deviendra plus facile, à mesure que vous régresserez.

« Et si moi je ne pouvais pas être régressé ? », me demanderez-vous. Jamais je n'ai rencontré ce cas de figure. En revanche, la question m'a été souvent posée. Certains ne croyaient pas en la réincarnation, d'autres s'opposaient même violemment à cette idée, mais se tenaient prêts à essayer (ne serait-ce que pour prouver que la mémoire des vies antérieures n'existe pas). D'autres encore ne croyaient en rien, et d'autres, enfin, étaient convaincus qu'ils ne pouvaient pas régresser car personne n'avait jamais réussi à les hypnotiser (mais il ne s'agit pas là d'hypnose au sens propre du terme). Pour chacun, l'expérience fut un succès. Et il en ira de même pour vous.

Rien n'est vraiment très problématique dans cette expérience : si votre position vous semble inconfortable, changez-en; si quelque chose vous démange, grattez-vous. Si le téléphone sonne, vous pouvez communiquer par le biais de votre « guide » qui transmettra votre message. Contentez-vous de garder les yeux clos, et, l'interruption terminée, reprenez la régression où vous l'aviez suspendue. Je connais un sujet qui garde toujours à portée de la main une tasse de thé et des cigarettes et se comporte exactement comme lors d'une réunion avec des amis, en conservant les yeux fermés, toutefois.

Vous seul gardez la haute main sur toute la séance : vous pouvez décider d'y mettre fin en ouvrant simplement les yeux. En ce cas, affirmez ceci : « Je vais conserver toutes les informations et impressions positives (à mon égard) et laisser les négatives, sous quelque forme que ce soit. » Cette formule finale permet de se libérer de sentiments, de peurs, de réactions ou d'attitudes non souhaitables, aux racines enfouies dans des vies antérieures.

Vous conservez un contrôle constant de la régression et pouvez refuser d'explorer toute expérience qui vous serait désagréable ou que vous préféreriez explorer en privé, à un autre moment. Mais ne négligez pas une information qui demande attention et réflexion.

D'excellentes cassettes, en vente, vous permettront d'atteindre un état de relaxation ou de conditionnement subliminal ainsi qu'un environnement musical apaisant. J'encourage, en général, vivement leur utilisation, bien qu'avec cette technique de régression particulière, nous ayons pu constater que les cassettes s'apparentaient plus à une distraction qu'à un complément. En effet, la musique peut déclencher des associations ou des émotions sans rapport avec la vie antérieure en question, et compliquer ainsi les effets. En ce qui concerne les cassettes de relaxation, un autre problème se pose. On utilise généralement la relaxation comme une introduction à la régression. L'état de relaxation physique devient « automatique », si bien que vous pouvez retrouver cet état de détente chaque fois que vous le désirez, tout en demeurant conscient, éveillé et alerte; vous allez progresser rapidement, pour ne plus avoir besoin d'être induit en régression. Si vous dépendez d'une cassette de relaxation, votre progression ne se fera pas, et vous risquez d'associer le sommeil ou une conscience amoindrie à l'expérience de régression. Mais ce cas excepté, elles s'avèrent agréables et utiles.

Je déconseille absolument les régressions faites en groupe, c'est-à-dire lorsque deux personnes ou plus régressent ensemble, dans une même période de vie. Il en va de même pour les investigations psychiques; à moins que les personnes impliquées ne soient suffisamment « avancées » pour savoir distinguer entre leurs propres impressions et celles qui proviennent de sources différentes. La télépathie intervient fréquemment entre deux personnes qui travaillent à ces niveaux spirituels, et elle masque souvent les émotions ou provoque une distorsion de l'information; même phénomène lorsque deux personnes regardent en même temps un objet : leur perception et leur interprétation pourront subir une distorsion. Ainsi, une émotion de faible envergure, qui va être répercutée plusieurs fois entre ces personnes, va prendre des proportions totalement démesurées : une simple aversion peut se transformer en haine féroce et l'amitié en une passion dévorante.

Chaque personne possède une voix psychique aussi caractéristique que le ton vocal. Aussi longtemps que vous n'aurez pas appris à reconnaître les caractéristiques de la vôtre, il vaut mieux rester en solo dans vos expériences de régression.

N'utilisez ni alcool ni drogue avant une expérience. Ces substances ont des effets indésirables sur le cerveau, provoquent des complications, la moindre de celles-ci étant une distorsion des impressions et des erreurs dans les informations. À ces niveaux spirituels, ces deux substances diminuent vos capacités dans la conduite de la régression; vous risquez de déclencher des réponses extrêmement traumatisantes, sans défense possible de votre mental. Il peut aussi arriver que des informations très brutales et grossières prennent une importance énorme, alors que des informations réellement pertinentes soient négligées. L'expérience a prouvé que, le plus souvent, la régression terminée, il ne subsiste aucune perception claire de cette expérience.

Vous devez en permanence maîtriser l'expérience. La présence d'un guide-observateur a pour objet de vous aider à vous concentrer, jusqu'à ce que vous puissiez régresser de vous-même. Si le « guide » tente de dominer la situation, pose des questions dirigées ou ne se conduit pas comme vous pourriez le souhaiter, n'hésitez pas à clore la séance, et refusez évidemment de collaborer à nouveau avec lui.

Soyez honnête envers vous-même. Si vous prétendez à tort ressentir certaines impressions, si vous bâtissez de toutes pièces des romans afin d'impressionner votre entourage, vous perdez surtout l'occasion de connaître une expérience passionnante. Ne vous trahissez pas vous-même.

Dernier point, ô combien important : détendez-vous... Après avoir vécu une ou deux régressions, vous vous demanderez comment vous avez bien pu montrer inquiétude ou appréhension à l'égard d'une expérience aussi inhabituelle et fortifiante.

Chapitre III

La technique de régression

Avant d'ouvrir la séance, demandez à la personne d'adopter une position confortable et commencez les exercices habituels de relaxation. Gardez un ton naturel, comme lors d'une conversation.

« Fermez les yeux. Vous allez maintenant concentrer votre attention sur les paupières. (Marquez un temps d'arrêt de deux ou trois secondes.) *Sentez toute tension qui se produirait dans l'un de vos muscles.* (Pause.) *Détendez vos paupières. Relaxez chacun des muscles afin de détendre vos paupières. Elles sont maintenant détendues. Relaxez chacun des muscles afin que vos paupières soient complètement reposées.* (Pause.)

Votre concentration s'adresse maintenant à votre cuir chevelu tout entier. (Pause.) *Sentez tous les muscles qui pourraient être tendus. Portez une attention particulière à tous ceux qui entourent la tête.* (Pause.) *Détendez votre cuir chevelu. Sentez chacun des muscles se détendre afin que votre cuir chevelu soit complètement détendu.* (Pause.)

Concentrez maintenant votre attention sur votre visage.

(Pause.) *Sentez chacun des muscles qui pourraient être tendus.* (Pause.) *Chacun des muscles de votre visage va maintenant se détendre complètement.* (Pause.)

Votre concentration s'exerce maintenant sur vos mâchoires. Prenez conscience de chacun des muscles qui les contrôlent. (Pause.) *Elles se détendent maintenant. Relaxez chacun de vos muscles pour que vos mâchoires soient détendues, parfaitement détendues.* (Pause.)

Votre attention se porte maintenant sur votre cou. Prenez conscience des muscles qui contrôlent votre cou. (Pause.) *Il se détend. Chacun des nerfs se détend. Chacune des cellules se détend. Votre cou est maintenant complètement relaxé.* (Pause.)

Concentrez-vous sur vos mains. (Pause.) *Vous prenez conscience de chacun des petits muscles et des os qui composent vos mains.* (Pause.) *Vos mains se détendent. Vous sentez chaque muscle, chaque nerf, chaque cellule se détendre complètement.* (Pause.)

Votre concentration se porte maintenant sur votre poitrine, une région du corps qui contient des muscles, des organes, des glandes et des nerfs. Chacune de vos cellules va maintenant fonctionner d'une manière normale, rythmée. Votre poitrine est désormais complètement détendue. (Pause.)

Concentrez-vous à présent sur votre abdomen, une région de votre corps qui contient des muscles, des organes, des nerfs et des glandes. (Pause.) *Chacun des muscles, chacun des organes, chacune des glandes, chacun des nerfs va maintenant se détendre. Chaque cellule va fonctionner dorénavant d'une façon normale et rythmée.* (Pause.) *Votre abdomen est à présent complètement détendu.* (Pause.)

Votre attention se concentre maintenant sur vos jambes. (Pause.) *Sentez chacun des muscles qui pourraient être tendus.* (Pause.) *Vos jambes se détendent. Vos jambes sont complètement détendues.* (Pause.)

Vous vous concentrez maintenant sur vos pieds, une région du corps qui possède de petits muscles et des os. (Pause.) *Vous sentez chacun des muscles qui pourraient être tendus.* (Pause.) *Vos pieds se détendent. Vos pieds sont désormais complètement détendus.* (Pause.)

Vous vous sentez maintenant merveilleusement détendu, et

cet état de détente est tout à fait naturel et sain. Chaque fois que vous voudrez retourner à cet état de relaxation, tout ce que vous aurez à faire sera d'inspirer profondément et d'exhaler doucement l'air, en vous répétant mentalement, par trois fois, le mot DÉTENTE. Vous vous sentirez immédiatement parfaitement détendu.

Vous contrôlez totalement chaque niveau de votre esprit. Vous êtes détendu, mais mentalement vous êtes conscient et attentif. Si vous décidez de mettre fin à cette séance, il vous suffira d'ouvrir les yeux.

Si, en cas d'urgence ou de danger, quelqu'un vous appelle, vous serez immédiatement en éveil, conscient, et saurez tout de suite où vous vous trouvez et quel est le moment que vous vivez.

Je peux conclure cette séance en comptant de 1 à 5, ou en vous touchant l'épaule par trois fois. Au chiffre 5, ou bien quand ma main vous touchera l'épaule pour la troisième fois, vous ouvrirez les yeux, et vous vous sentirez tout à fait en forme.

De votre expérience de régression, vous allez conserver toute chose qui pourra vous être profitable, d'une manière ou d'une autre. Vous abandonnerez tout ce qui pourrait vous être préjudiciable, de quelque façon que ce soit.

Je vais maintenant vous faire exécuter quelques exercices mentaux. Dites-moi quand vous aurez terminé chacun de ces exercices. Cela ne prendra qu'un moment.

Vous ne sentez plus vos pieds. Vous avez la sensation qu'ils n'appartiennent plus à votre corps. Dites-moi quand vous y serez parvenu. Cela ne prendra qu'un moment. (Pause.) »

Vous devez insister pour que la personne vous réponde à la fin de chaque exercice. Mais ne vous laissez pas bloquer toutefois. Si elle vous indique qu'elle a des difficultés à faire ce que vous lui demandez, dites-lui simplement de « faire semblant », ou d'imaginer que ses pieds n'appartiennent plus à son corps. Quand vous aurez obtenu une réponse orale, vous pourrez continuer.

« Bien. Vous avez maintenant l'impression que vos pieds n'appartiennent plus à votre corps.

Vous n'avez maintenant plus conscience de vos jambes. Vous avez l'impression qu'elles n'appartiennent plus à votre corps.

Cela ne prendra qu'un moment. Dites-moi quand vous en serez là. (Attendez la réponse.) *Bien. Vos pieds et vos jambes semblent ne plus appartenir à votre corps.*

Vous n'avez désormais plus conscience de votre abdomen. Vous allez maintenant avoir la sensation que celui-ci n'appartient plus à votre corps. Il ne vous faudra qu'un moment. Dites-moi quand vous y serez parvenu. (Attendez la réponse.) *Bien. Maintenant vos pieds, vos jambes et votre abdomen donnent l'impression de ne plus appartenir à votre corps.*

Vous n'avez à présent plus conscience de votre poitrine. Elle donne l'impression de ne plus appartenir à votre corps. Dites-moi quand vous y serez parvenu. Cela ne prendra qu'un moment. (Attendez la réponse.) *Bien. Maintenant vos pieds, vos jambes, votre abdomen et votre poitrine semblent ne plus appartenir à votre corps.*

C'est une sensation merveilleuse que de se sentir détendu, un état très sain, tout à fait naturel.

Imaginez maintenant très vite que vous vous trouvez devant l'immeuble dans lequel vous habitez. Cela ne va prendre qu'un instant. Dites-moi quand vous y serez. (Attendez la réponse.) *Bien. Maintenant, décrivez-moi brièvement la façade de ce bâtiment. Dites-moi ce que vous verriez si vous vous trouviez physiquement devant ce bâtiment où vous vivez.* (Attendez que la courte description soit terminée.) *En quelle saison sommes-nous?* (Commencez par la saison citée, puis suivez la chronologie pour la suite de l'exercice.) *C'est l'automne? Parfait. Imaginez maintenant que ce soit l'hiver. Cela ne va vous prendre qu'un instant. La bâtisse et ce qui l'entoure change d'aspect. Décrivez-moi ces différences.* (Laissez le temps de répondre brièvement.) *Bien. Imaginez à présent que nous soyons au printemps. Décrivez-moi les changements qui interviennent au printemps.* (Laissez à la personne le temps de répondre rapidement.)

Bien. Imaginez maintenant que nous soyons en été. En quoi le bâtiment est-il différent à cette saison? Faites-moi la description de ces différences. (Attendez que la réponse vous soit faite.)

Bien, imaginez maintenant que nous soyons à nouveau en automne. »

Quand vous aurez accompli ces exercices préliminaires lors de la première régression, il ne sera pas nécessaire de les répéter les fois suivantes. Demandez simplement au sujet de respirer profondément et, tout en exhalant l'air, de répéter mentalement le mot DÉTENTE, par trois fois. Puis poursuivez l'expérience.

« Imaginez que vous vous trouvez devant la porte de votre domicile. Vous ouvrez la porte. Imaginez que la porte donne sur un long tunnel, et que vous pouvez voir une lumière à l'autre bout du tunnel. Je vais maintenant compter de 20 à 1. Lorsque vous entendrez chacun des chiffres, vous imaginerez que vous êtes en train de descendre dans le tunnel, vers la lumière, et que vous revenez à une vie dans laquelle vous avez déjà vécu. Lorsque j'en arriverai au chiffre 1, vous sortirez du tunnel, dans la lumière, plongé dans une vie dans laquelle vous avez antérieurement vécu.

20 (Pause.). *19* (Pause.). *18 : vous allez dans la direction de la lumière, vers une vie dans laquelle vous avez vécu antérieurement. 17* (Pause.). *16* (Pause.). *15 : vous marchez vers la lumière et vous reculez dans le temps. 14* (Pause.). *13* (Pause.). *12 : lorsque j'atteindrai le chiffre 1, vous vous trouverez dans une vie dans laquelle vous avez vécu avant celle-ci. 11* (Pause.). *10* (Pause.). *9 : vous descendez dans le tunnel vers une vie dans laquelle vous avez vécu avant cette fois-ci. 8* (Pause.). *7* (Pause.). *6 : vous revenez en arrière dans le temps. 5* (Pause.). *4* (Pause.). *3 : vous avez vécu antérieurement. 2* (Pause.). *1 : vous vous trouvez maintenant dans cette vie antérieure. Regardez avec les yeux de votre esprit et écoutez grâce à vos oreilles. Regardez mentalement vos pieds. Que portez-vous aux pieds?* (Attendez la réponse, puis reprenez.)

Que portez-vous sur le corps?

Quel âge avez-vous environ?

Êtes-vous un homme ou une femme?

Comment vous appelez-vous? Dites le premier nom qui vous vient à l'esprit. Regardez maintenant à travers vos yeux et écoutez à travers vos oreilles. Où vous trouvez-vous? Décrivez ce qui vous entoure.

Dans quelle partie du monde vous trouvez-vous?

Savez-vous quelle est l'époque ou quelle est l'année?

À quoi ressemble votre mère? Quels sont vos sentiments à son égard?

Vous entendez-vous bien? À quoi ressemble votre père?

Quels sont vos sentiments à son égard?

Avez-vous des frères ou des sœurs?

Avez-vous des amis proches?

Passez rapidement en revue une journée de votre vie. Cela ne prendra qu'un moment. À quoi passez-vous votre temps?

Avancez dans le temps jusqu'à ce que vous ayez environ cinq ans de plus, c'est-à-dire plus ou moins X ans. Cela ne prendra qu'un moment. Vous allez sentir le temps passer autour de vous comme un courant d'air, ou un calendrier que l'on feuillette rapidement. Dites-moi quand vous y serez.

Regardez mentalement à travers vos yeux et écoutez avec vos oreilles.

Où êtes-vous? Que faites-vous?

Êtes-vous marié?

Avez-vous des enfants?

Croyez-vous en une puissance supérieure?

Appartenez-vous à une forme quelconque de religion?

Quels sont vos sentiments à l'égard de votre vie spirituelle?

Êtes-vous heureux?

Passez rapidement en revue les X années suivantes (Ce qui vous semblera approprié selon l'âge auquel la personne se trouve en ce moment dans sa régression.) *Vous n'en avez pas pour longtemps. Parlez-moi de tout événement important, de toute réussite que vous aimeriez faire partager.*

Y a-t-il quelque chose de spécial que vous auriez aimé faire et que vous n'avez pas réussi à accomplir?

Y a-t-il quoi que ce soit que vous ayez fait et dont vous soyez particulièrement fier? »

Il s'agit là de quelques exemples des questions que vous pouvez poser, pour vous montrer comment procéder. Vous devrez décider vous-même si certaines sont appropriées – ou non – aux circonstances, ou s'il vous convient de suivre un autre ordre dans vos demandes. Celles-ci doivent susciter une information importante. Vous verrez sans doute une tendance se dessiner au travers des interrogations, qui sera conforme à la personne et à l'objectif que vous chercherez à atteindre.

Dirigez maintenant le sujet vers une autre vie.

« Vous allez maintenant revenir à une vie antérieure à celle-ci. Vous n'en avez pas pour longtemps. Prévenez-moi dès que vous y serez. Cela ne vous prendra pas longtemps. Vous aurez environ douze ans. »

Poursuivez, en posant le même genre de questions que dans le dernier cas. Si vous en avez le temps, et si vous le souhaitez, vous pouvez explorer encore une autre vie, toujours de la même façon.

Quand vous serez prêt à terminer la séance, vous allez dire :

« Je vais bientôt compter de 1 à 5. Lorsque vous entendrez le chiffre 5, vous ouvrirez les yeux à l'époque actuelle et ici-même, en vous sentant frais et dispos. Vous emporterez avec vous tout ce qui, à quelque niveau que ce soit, pourra vous être utile. Vous laisserez derrière vous tout ce qui pourrait vous desservir d'une façon quelconque.

1. 2. 3. Au chiffre 5 vous vous retrouverez dans la vie présente, en tant que : (prénom, nom). Vous vous sentirez en pleine forme. 4. 5. Ouvrez les yeux, vous vous sentez frais et dispos. »

Quelques informations diverses

Il est fréquent de ressentir une sensation de chaleur ou de picotement dans différentes parties du corps lorsqu'on se concentre pendant les exercices de relaxation. Rien d'étonnant à cela. Ne vous inquiétez pas pour autant si aucun de ces phénomènes ne vous arrive : ce cas de figure est tout à fait banal.

Un autre phénomène physique se produit couramment, à un degré ou à un autre, au cours de la régression : les paupières palpitent et montrent des mouvements très rapides des yeux. Il s'agit des REM (= Rapid Eye Movements, ou mouvements rapides des yeux), qui sont la manifestation physique du niveau alpha profond dans lequel la personne se trouve. On les retrouve aussi dans la période de rêve, au cours du sommeil.

Immédiatement après la régression, il est bon de noter tous les détails supplémentaires dont la personne se souvient, mais qu'elle n'a pas mentionnés au cours de la séance. Il est également recommandé d'écrire les noms des personnes qui font partie de la vie actuelle et dont on a pu reconnaître les traits dans certains des personnages de la vie antérieure.

Ne vous inquiétez pas, même si, au début, vous vous sentez un peu gêné à la fin de la séance, comme si vous aviez l'impression d'avoir tout « inventé ». C'est un phénomène courant, qui va s'atténuer à mesure que les souvenirs spontanés vont apparaître.

La première expérience de régression a surtout pur but de provoquer la « remontée » d'informations générales, de préparer les futures séances, au cours desquelles les détails vont se faire jour. Des périodes spécifiques peuvent être évoquées; il suffit de dire : « Vous vous trouverez dans la vie au cours de laquelle vous étiez... ». Si l'on ne se souvient pas du nom précis, on peut indiquer la période historique, le lieu, ou donner certains détails caractéristiques.

Si la personne se sent attirée par une période donnée, ou une localité en particulier, dirigez-la vers elle en disant : « Vous allez vous trouver dans la période de vie que vous pourriez avoir vécue en... ou dans... ». Utilisez toujours le conditionnel : « Vous pourriez avoir vécu », car il n'y a pas que la vie antérieure qui puisse vous attirer vers une époque historique. Il semble superflu de conditionner le subsconcient, de le troubler peut-être, en lui ordonnant de se souvenir d'une vie qui n'a peut-être jamais eu lieu.

Une formule paraît souveraine, employée après les premières régressions. On prie la personne de revenir dans la vie qui se montre la plus importante pour elle, par rapport à sa vie actuelle en tant que...

Si la personne en régression a, dans sa vie, un problème particulier qu'elle veut explorer, dites-lui de se diriger « vers le point où, dans le temps, se situe l'origine de ce problème ». Ne vous lancez dans cette technique qu'après un certain nombre de régressions, quand le sujet y est habitué et se sent à l'aise. Il faut également bien comprendre que si le problème est réellement traumatisant dans cette vie-ci, il est fort probable qu'il le sera bien plus encore à l'époque où il trouve sa source. Ne manquez pas de rassurer fréquemment la personne, en lui répétant qu'elle est « physiquement dans la période actuelle, et dans ce lieu-ci ». « Il s'agit d'un simple exercice de mémoire; ni douleur ni détresse ne sont nécessaires, à quelque niveau que ce soit. »

Encouragez-la à se dissocier de la situation et à observer le tout, comme s'il s'agissait d'un film ou d'une émission de télévision.

En général, il n'est pas utile d'attaquer le problème de façon aussi agressive pour en trouver le fondement. Après quelques régressions dirigées, lorsque la personne sera en mesure de régresser par elle-même, il lui sera beaucoup plus facile de retrouver l'origine de ses troubles. L'autorégression est la meilleure méthode pour explorer des situations de cet ordre. L'esprit possède une sorte de mécanisme de protection : il empêche toute personne qui n'est pas prête, ou qui ne pourrait prendre en main une situation donnée, de forcer les évocations de ses souvenirs.

Lorsque, au cours de la régression, vous demandez à quelqu'un d'avancer de quelques années dans sa vie, et qu'il n'obtient ni évocations ni données sensorielles, on peut présumer qu'il est donc mort. Indiquez-lui alors de se diriger vers une autre vie. (Vous trouverez dans un autre chapitre la description des méthodes permettant d'explorer la mort.)

Quand vous serez habitué à diriger une régression, et quand vous vous sentirez plus en confiance, vous vous rendrez sans doute compte que certaines modifications vous semblent mieux adaptées à certaines circonstances ou personnes avec lesquelles vous collaborez. Peut-être trouverez-vous plus conforme d'adopter un autre schéma de questionnaire. N'hésitez pas, au gré des circonstances, à modifier votre approche. La méthode indiquée ici n'est ni sacrée ni intouchable. Seuls les éléments se rapportant aux affirmations sur l'état de conscience de la personne en régression, au contrôle de celle-ci et aux affirmations de conclusion de la séance sont réellement importants et ne doivent pas être changés.

Vous avez le devoir d'utiliser cette technique d'une manière responsable, réfléchie et vigilante.

Au cours d'une régression, surtout lors de la première, il n'est pas rare qu'aucune réponse ne soit apportée à certaines questions concernant l'âge, la date, le théâtre de la scène... Si, après plusieurs interrogations, il n'est donné aucune réponse, contentez-vous de dire : « D'accord. » Et continuez. Comme dans toute nouvelle expérience, un certain temps est nécessaire pour s'entraîner à se rappeler des souvenirs. Au fil du temps, certaines personnes seront même en mesure de se souvenir de leur date de naissance, de donner des précisions à propos du temps sur leurs vies les plus récentes. Les thèmes astrologiques des vies passées peuvent éclairer d'un jour intéressant la vie actuelle.

La régression dans les vies antérieures ne représente qu'une des étapes sur la voie de la conscience de soi. Lorsque viendra le jour où régresser ou diriger une régression aura cessé d'être pour vous une expérience à chaque fois plus nouvelle et enthousiasmante et quand vous n'obtiendrez plus d'information réellement intéressante, il sera temps pour vous de passer à autre chose. Vous ressentirez sans doute, plus tard, le besoin d'obtenir une information supplémentaire, ou quelque autre raison pour vous donner l'envie de faire quelques régressions supplémentaires. Utilisez cette technique comme un outil de travail.

Chapitre IV

Exemples de régressions

Les pages qui suivent sont extraites de deux exemples de régressions effectuées sur la même personne, à quelques semaines d'intervalle. Il s'agissait d'abord d'une première, aussi bien pour la personne en régression que pour celle qui la guidait. Elles se sont contentées de se conformer aux indications données, telles qu'elles vous ont été présentées dans le chapitre précédent.

J'ai combiné les deux expériences en une seule, afin de montrer comment passer d'une vie antérieure à une autre, comment affronter différents cas de figure lorsqu'ils se présentent, comment adapter les questions aux informations reçues, lorsqu'il devient difficile de s'en tenir au questionnaire standard.

Le choix de ces deux cas en particulier se justifie en raison de leur contenu dramatique et de certaines situations inattendues. Vous le verrez, ces deux personnes – même sans expérience préalable – n'ont rencontré aucune difficulté à maîtriser les événements, en suivant simplement les instructions écrites.

Voici quelques-unes des situations rencontrées : manque total d'impressions à la suite de certaines questions, consécutif à l'irruption d'un tiers au beau milieu d'une scène potentiellement traumatisante; découverte de la cause (très gênante) d'une phobie actuelle; obtention d'un grand nombre d'informations réellement importantes pour les deux participants.

Pour simplifier la lecture du dialogue, Q représentera ici l'homme dirigeant la régression et R les réponses de la femme régressée. Les deux sujets sont âgés d'environ trente ans, à l'époque de la régression. R est une femme au foyer, mariée à Q, ingénieur.

Q : Tu te trouves maintenant dans une vie qui a précédé celle-ci. Regarde mentalement à travers tes yeux, et écoute grâce à tes oreilles. Regarde mentalement tes pieds. Comment es-tu chaussée?

R : Je ne vois rien, mais j'ai une drôle de sensation aux pieds.

Q : C'est-à-dire?

R : J'ai l'impression qu'ils sont nus, mais il me semble sentir quelque chose sous la plante. Oh, je sais! Je pense être dans l'eau, avoir de la boue entre les orteils.

Q : Où te trouves-tu?

R : Je patauge dans l'eau.

Q : Pourquoi es-tu dans l'eau?

R : J'ai l'impression de porter une grande chemise et une sorte de jupe, retroussée pour qu'elle ne trempe pas dans l'eau. Je me sens très fatiguée. J'ai mal au dos. Je me penche pour déposer quelque chose dans l'eau.

(Au début, la plupart de ses informations lui parvenaient par le biais de sensations physiques.)

Q : Regarde mentalement à travers tes yeux, écoute grâce à tes oreilles. Où te trouves-tu? Que fais-tu?

R : Oh, je vois quelque chose. Je repique des petites plantes vertes dans la vase. Je crois qu'il s'agit de riz. Oui, c'est cela. Je plante du riz. Je suis en Chine.

Q : Regarde mentalement autour de toi. Y a-t-il quelqu'un en ta compagnie?

R : Oui, il y a à mes côtés un homme âgé qui travaille aux champs avec moi.

Q : Qui est-il?

R : Mon mari.

Q : Tu es donc une femme?

R : Oui.

Q : Quel âge as-tu environ?

R : Je ne sais pas.

Q : Es-tu jeune, d'âge moyen, ou âgée?

(Remarquez comment il lui donne le choix, afin de déclencher la réponse.)

R : Je me sens jeune, très jeune, une adolescente sans doute.

Q : Quel âge a ton mari?

R : Il est beaucoup plus âgé que moi. Il a au moins trente ans.

Q : Quel est ton nom? Le premier nom qui te vienne à l'esprit?

R : Je ne sais pas. Je n'ai pas l'impression d'un nom quelconque.

Q : Quand ton mari te parle, comment s'adresse-t-il à toi?

(Cette approche est excellente : elle encourage la réponse sans exercer de pression inutile.)

R : Il m'appelle parfois « Femme-Enfant » ou « Jeune Épouse ». Je ne suis pas sûre d'avoir un véritable nom.

Q : Et tes parents? Décris-moi ta mère.

R : Je crois que mes parents sont morts alors que je n'étais encore qu'une très jeune enfant. Je n'ai d'eux que des impressions très floues.

Q : Qui t'a élevée?

R : Au début, je pense que plusieurs personnes de notre petit village m'ont nourrie tour à tour. Puis je suis allée vivre avec une femme assez âgée. Elle m'a laissée venir vivre avec elle parce qu'elle voulait que quelqu'un l'aide dans son travail. Ensuite, elle m'a vendue.

Q : Pourquoi l'a-t-elle fait?

R : Elle ne m'aimait pas, et je ne l'aimais pas non plus. Elle avait un caractère pingre et méchant. Elle disait toujours que je mangeais trop. Les orphelines ont toujours été considérées comme quantité négligeable. Mais l'homme était prêt à lui payer une grande quantité de riz et d'autres choses aussi pour m'obtenir.

Q : Qui est l'homme qui t'a achetée ?

R : Mon mari. Sa femme était morte en donnant naissance à un enfant. Il avait besoin de quelqu'un qui l'aide dans les champs de riz. Les autres filles à marier étaient soit trop jeunes, soit trop âgées.

Q : Est-ce que tu aimes ton mari ?

R : Oui, c'est un homme très bon. Il est gentil avec moi. Je travaille dur avec lui dans les champs. C'est un bon fermier, qui obtient de bonnes récoltes. Nous avons largement de quoi manger et il en reste un peu pour vendre. J'ai des vêtements chauds pour l'hiver.

Q : Avez-vous des enfants ?

R : Oui, je lui ai donné un fils. Il est très content de moi.

Q : Où vivez-vous ?

(La fierté se fit alors clairement entendre dans la voix de R, presque comme un sentiment de supériorité. Sa réponse vient à l'appui du dicton : « la richesse est toute relative ».)

R : Nous avons la plus grande maison du village. Nous avons deux pièces, et une petite cour. Nous avons une pièce pour cuisiner et travailler et une autre pour dormir. Sur le sol, nous avons des matelas tressés en paille et en jonc. Nous avons deux tabourets pour nous asseoir. Nous avons d'épais matelas pour dormir et des couvertures chaudes. Personne d'autre dans le village n'a une maison aussi grande. Nous avons deux pièces !

Q : Tu vas maintenant avancer d'environ un an dans le temps. Cela ne prendra qu'un moment. Dis-moi dès que tu y seras. Tu vas sentir le temps passer autour de toi comme un courant d'air, ou les pages d'un calendrier qu'on feuillette.

(Elle s'est alors mise à haleter, à geindre puis à gémir. On pouvait même voir les muscles de son abdomen se contracter.)

R : Oh ! oh, je suis en train d'accoucher. J'ai mal.

Q : Prends du recul. Physiquement, tu es dans la période actuelle et ici même. Il ne s'agit que d'un exercice de mémoire.

Tu n'as pas besoin de ressentir douleur, détresse ou inconfort, à quelque niveau que ce soit. Tu es juste en train de te souvenir de quelque chose qui est arrivé il y a très longtemps. Prends du recul et contente-toi d'observer. N'y prends pas part.

R : D'accord. Tout va bien, maintenant.

Q : Veux-tu poursuivre?

R : Oui, ça va. *(Elle se mit à sourire.)* Je ne m'y attendais pas, voilà tout. J'ai oublié que je n'étais pas réellement là. Je me suis détachée de la scène maintenant.

Q : Bien. Nous aurions eu du mal à expliquer la présence d'un nouveau-né chinois.

R : Oui, c'est vrai. *(Elle se mit à rire.)* Je me sens bien, maintenant nous pouvons continuer.

Q : Bien. Avance maintenant dans le temps jusqu'au lendemain de la naissance. Cela ne va pas prendre longtemps. Dis-moi quand tu y seras.

Une situation où le sujet se trouve impliqué physiquement se présente rarement. Q y a parfaitement réagi, d'une manière calme et même avec une pointe d'humour. Son attitude parfaite s'est répercutée sur R. Ils se sont tous les deux beaucoup amusés plus tard de cet incident. Elle a montré une tendance à obtenir bon nombre de ses informations à l'aide de ses sensations physiques, et à s'identifier émotionnellement avec ce qu'elle était dans ses vies passées. Q a donc insisté au cours des régressions suivantes sur le fait qu'elle était physiquement à l'époque actuelle, et dans ce lieu-ci. R s'est efforcée de prendre du recul, chaque fois qu'une situation similaire risquait de se produire. Elle a réussi à capter de plus en plus d'indications grâce à la « vue » et à la « connaissance » et moins par de simples sensations.

R : Bien. J'y suis.

Q : Regarde mentalement à travers tes yeux, écoute grâce à tes oreilles. Où es-tu et que fais-tu?

R : Je suis dans notre chambre à coucher avec notre bébé. Mon mari et mon aîné sont avec moi. Mon mari est très content : il a deux fils maintenant. Il m'appelle « Bonne Épouse », et m'a dit de rester à la maison aujourd'hui. À présent, il sort.

Q : Où va-t-il?

R : Aux champs. C'est de nouveau la saison de planter le riz. Il a travaillé seul depuis deux jours. Il aurait besoin de moi, mais je suis fatiguée. Aujourd'hui, je vais me reposer, et j'irai l'aider demain. Il est très bon envers moi.

Q : Que faites-vous en dehors de cultiver le riz?

R : Nous cultivons des légumes et nous possédons deux porcs. Je m'occupe de la maison, je cuisine. Parfois, je tisse des tapis, des paniers, de sandales en jonc, en herbe et en paille de riz.

Q : Avez-vous des amis proches?

R : Non, pas vraiment. Mon mari a des amis. En fait, nous passons la plupart du temps à travailler.

Q : Qu'est-ce que ton mari fait avec le riz?

R : Nous en stockons une partie pour le manger et pour le semer. Il emporte le reste au marché de la ville et l'échange contre des objets dont nous avons besoin, comme des outils, de la nourriture, du tissu pour les vêtements, du thé. Nous buvons du thé presque chaque jour. Il m'apporte généralement une gâterie – un petit gâteau en sucre ou un morceau de gingembre confit. Il m'a dit qu'un jour il m'achèterait un oiseau chanteur dans une cage, comme il en a vu au marché.

(À ce point de l'histoire, il semblait évident que cette vie ne vaudrait pas la peine d'être passée en revue dans ses moindres détails. Il était donc temps de découvrir d'autres horizons.)

Q : D'accord. Tu vas maintenant passer en revue les vingt prochaines années. Parle-moi de tout événement exceptionnel, ou de tes réussites. Cela ne va te prendre qu'un instant. Dis-moi quand tu y seras.

R : Ça y est, j'y suis. J'ai donné cinq fils à mon mari. Les trois aînés sont mariés, et ont des enfants à leur tour. Lorsque nos fils ont été en âge d'aller travailler aux champs, mon mari a acheté plus de terrain, grâce aux pièces que nous avions pu économiser. À la naissance de notre cinquième fils, il m'a acheté l'oiseau chanteur dans sa cage. Il m'appelait « Femme Fertile ». Il est mort il y a trois ans. Nos fils s'occupent de moi.

Q : À quoi passes-tu ton temps?

R : J'enseigne aux femmes de mes fils comment être de bonnes épouses. Je leur dis quoi faire. J'apprends à mes petits-enfants à être gentils et obéissants. Maintenant, ma poitrine me fait souffrir et je n'arrête pas de tousser. Je ne crois pas que je vais me rétablir.

Q : Quel est ton sentiment à propos de ta vie?

R : J'ai été une bonne épouse. J'ai travaillé dur et j'ai donné cinq fils à mon mari. J'ai eu une bonne vie.

Q : Tu vas maintenant revenir à une vie antérieure à celle-ci. Cela ne va prendre que peu de temps. Préviens-moi dès que tu y seras. Tu y arriveras à l'âge de douze ans environ.

(Douze ans est un bon âge de départ, l'enfant étant alors suffisamment grand pour avoir conscience de ce qui se passe autour de lui, alors que, lorsqu'il est plus jeune, son horizon est plus restreint. C'est également un point de référence pour permettre au sujet de progresser au travers des différentes périodes de sa vie.)

R : Voilà, j'y suis.

Q : Regarde mentalement avec tes yeux et écoute avec tes oreilles. Regarde tes pieds. Que portes-tu aux pieds?

R : Rien. Je suis nu-pieds et j'ai froid aux pieds.

Q : Comment es-tu vêtue?

R : Une chemise et un pantalon. Des trucs que je porte à la maison.

Q : Pourquoi as-tu froid?

R : Parce que je me suis dépêché de sortir.

Q : Es-tu un garçon ou une fille?

R : Un garçon.

Q : Quel âge as-tu environ?

R : Douze ans.

Q : Quel est ton nom?

R : Benjamin. Le petit Ben. C'est comme ça qu'on m'appelle.

Q : Il n'y a pas de pot de chambre dans ta maison?

R : Celui qui l'utilise, eh bien, il doit le vider! et ça, je n'en ai pas envie!

Q : Où vis-tu?

R : Avec ma famille.

Q : Où est-ce? Sais-tu dans quelle partie du monde tu te trouves?

R : Ben, évidemment! Dans ce qui appartient à la Louisiane.

(qu'il prononçait Lou-ess-anne.) Dans ce qu'on appelle aujourd'hui l'Arkansas.

Q : Parle-moi de ta famille.

R : Ben, y a maman, papa et nous. On est onze enfants.

Q : Parle-moi de tes parents.

R : Papa, c'est le plus futé du coin. Il connaît tout sur la forêt, et où trouver les animaux. C'est comme si les poissons le suppliaient de les prendre. Il n'aime pas trop cultiver la terre, mais il le fait drôlement bien, comme tout ce qu'il fait. Papa est sûrement le gars le plus futé du coin. D'abord, il sait même lire, écrire et compter. On ne la lui fait pas! Il est pas vraiment méchant, mais sûr qu'il n'est pas commode. Il peut te chauffer les côtes si on l'écoute pas.

Q : Décris-le moi.

R : Il est de taille moyenne. Les cheveux bruns, les yeux marron. Il a des favoris, mais maman les lui fait couper courts. Elle veut pas qu'ils dépassent son menton. Il râle, mais il le fait quand même pour lui plaire. Elle l'oblige à se couper les cheveux aussi, elle dit que c'est plus propre. Pour la propreté, c'est un vrai démon.

Q : Parle-moi de ta mère.

R : Elle est presque aussi grande que papa. Elle a plein de cheveux bruns, tout brillants, qu'elle noue en chignon avec de grandes épingles en os qui appartenaient déjà à sa mère. Elle se met toujours en colère parce qu'ils n'arrêtent pas de se défaire, et de boucler autour de son visage. Papa la taquine toujours pour ça. Ses yeux sont plutôt gris-vert. Elle travaille dur. On dirait qu'elle est toujours en train de frotter quelque chose ou quelqu'un. Papa dit toujours que c'est une chance pour nous d'habiter pas loin d'une crique, sans quoi il faudrait onze autres enfants pour apporter l'eau. Maman dit toujours qu'elle ne va pas élever plein de poussins sales, juste parce qu'on est en plein pays de sauvages. Elle ne blague pas! En fait, elle est plutôt du genre souriant, elle aime bien la forêt et les animaux, les jolies feuilles et les fleurs.

Q : Et tes frères et sœurs?

R : William, c'est l'aîné. Y'a bientôt un an et demi qu'il est parti.

Q : Que lui est-il arrivé?

R : Papa a dit qu'il avait la bougeotte dans le sang, et puis que c'était un homme. Il avait dix-sept ans. Papa l'a laissé partir avec des trappeurs qui se dirigeaient vers le nord. Qu'est-ce que j'aurais aimé partir aussi. J'aimerais bien partir loin de toutes ces filles.

Q : Tes sœurs?

R : Oui, Amanda et Abigail surtout. Elles sont toutes les deux plus âgées que moi. Eh bien, j'espère qu'elles vont bientôt se marier. Elles n'arrêtent pas de glousser et faire les yeux doux aux fils Muller, qui n'arrêtent pas de leur tourner autour. Et sinon, elles n'arrêtent pas de me taquiner ou de me donner des ordres. Puis il y a les jumelles, Martha et Mary. Elles, elles sont plus jeunes que moi, de deux ans. Maman leur a donné des noms de la Bible. Elles me lâchent pas un seul instant. Elles me laissent jamais tranquille. Et puis, partout où elles vont, John, qui a un an de moins qu'elles, les suit. Sarah, ça va. Elle n'a que sept ans, mais elle ressemble drôlement à maman. Elle arrête pas de jouer à la maman avec Matthew qui a un an de moins qu'elle et Henry qui a trois ans, et puis le bébé, Elizabeth, qui n'a pas encore un an. Elle, elle me laisse encore assez tranquille.

Q : À quoi passes-tu tes journées?

R : J'aide papa avec les récoltes, je vends le bois, je porte de l'eau de la crique pour maman. Je passe la moitié de la journée à transporter de l'eau. Papa et moi, on va chasser et pêcher quelquefois. C'est ce que je préfère. Mais il dit toujours qu'il faut faire le plus urgent d'abord. Les moissons, il faut les couper au bon moment. Les écureuils et les daims, ça peut attendre, mais les moissons, non. Ce que j'aime surtout, c'est aller vagabonder dans la colline. Mais je peux pas y aller souvent.

Q : Pourquoi pas?

R : Maman se fait du souci, à cause des Indiens. J'en ai jamais vu, moi. Elle se fait encore plus de souci depuis que Willy y est allé et qu'on n'a plus jamais entendu parler de lui. Je comprends qu'elle se fasse du souci quand, moi aussi, j'y vais.

Q : Tu vas à l'école?

R : Y'a pas d'école dans le coin. Papa et maman nous

apprennent. Ils en ont drôlement appris dans les livres. Ma maman sait lire et écrire. En hiver, ils nous apprennent à lire dans la Bible. Papa a construit une boîte pas trop profonde, avec du sable mouillé, où on dessine les lettres avec un bâton. Le dimanche, maman nous fait lire chacun notre tour la Bible. J'aime bien lire, et je connais les noms des chiffres. Y'a des noms qui sont durs à lire, les noms anciens surtout, mais je marmonne en les lisant, et puis je reprends d'une voix forte pour dire combien de temps ils ont vécu et puis tout ça. Eh ben, sûr qu'ils vivaient vieux, hein? Maman nous fait faire des additions aussi. Elle dit qu'elle va pas élever toute une troupe d'ignorants.

Q : Sais-tu quelle est la date, ou au moins l'année?

R : Ouais. Maman, elle compte les jours. Elle dit qu'on va pas être comme des sauvages, qui savent juste quand les saisons changent. J'aimerais sûrement en rencontrer, des sauvages, ils ont l'air drôlement intéressants! Voyons, je me souviens pas du nombre de jours, mais je sais qu'on est en décembre, en 1810.

Q : Maintenant, je veux que tu avances dans le temps, d'environ un an. À peu près à l'époque où tu as un an de plus. Cela ne va te prendre qu'un instant. Préviens-moi quand tu y seras.

R : J'y suis.

Q : Regarde mentalement à travers tes yeux, et écoute avec tes oreilles. Où es-tu? Que fais-tu?

R : Je suis à la maison. Je m'habille chaudement pour sortir. J'ai dit à papa et maman que je vais chasser et regarder ce qu'il y a. À cette époque-ci de l'année, ils ne posent pas trop de questions.

Q : Quelle époque de l'année est-ce?

R : L'hiver. Décembre 1811.

Q : Où vas-tu? Est-ce que tu vas faire quelque chose que tu ne devrais pas?

R : Pas vraiment. Juste que j'ai un secret. Et je veux que ça reste un secret aussi longtemps que possible. Ça m'arrive pas souvent d'avoir un secret, avec tous ces gosses autour. Je le montrerai à papa un de ces jours, mais je veux d'abord me le regarder tout seul.

Q : Qu'est-ce que c'est, ce secret?

R : J'ai trouvé une grande grotte, peut-être même deux, à l'automne, quand je suivais un daim. J'ai pas réussi à rentrer dans le début de la première, il faisait trop sombre. Je me suis fabriqué des torches, et je les y ai laissées. Aujourd'hui, je vais regarder comme il faut.

Q : D'accord. Avance jusqu'à ton arrivée dans la grotte. Cela ne va prendre qu'un moment. Dis-moi quand tu y es arrivé.

R : J'y suis.

Q : Regarde mentalement au travers de tes yeux et écoute avec tes oreilles. Où es-tu, et que fais-tu?

R : J'ai apporté la pierre à feu de papa, un morceau de fer et une boîte en fer-blanc, pour me préparer un feu. Il fait froid, mais j'ai absolument besoin du feu pour allumer mes torches. Je vais faire un feu et me réchauffer avant de rentrer dans la grotte. C'est un peu inquiétant, ça a l'air bizarre. J'espère que ce sera pas la tanière d'un ours. C'est ça le problème avec les grottes, en hiver. En été, il y a des serpents, et en hiver des ours.

Q : Parle-moi de la grotte.

R : J'aimerais bien que papa soit là. C'est pas une grotte comme les autres, avec un trou dans la falaise ou dans la colline. C'est difficile à décrire. On dirait une sorte de surplomb, avec des grands morceaux de rochers qui pointent dans tous les sens. Drôlement inquiétant.

(Il était évident, jusqu'à ce point, que R s'identifiait complètement à Benjamin. Elle avait adopté très naturellement sa manière de parler. Vous pourriez dire qu'en quelque sorte elle était devenue Benjamin. Cela ne posa aucun problème jusqu'au moment de l'arrivée près de la grotte. R a alors commencé à s'agiter. Sa respiration est devenue haletante, son ton de voix s'est modifié, elle a commencé à contracter ses mains. Q l'observant soigneusement remarqua immédiatement le changement et décida d'intervenir sans tarder.)

Q : Est-ce que cela commence à te porter sur les nerfs?

R : Oui, j'ai un sentiment de malaise. Il faut que je me détache de Benjamin. Quelque chose de grave va se produire.

Q : Veux-tu en rester là et passer à autre chose?

R : Non. Je veux voir ce qui va se passer. Je crois que cela va être très important pour moi de le savoir.

Q : D'accord. Prends simplement du recul. Contente-toi d'observer ce qui se passe. Souviens-toi, il ne s'agit là que d'un exercice de mémoire. Quoi qu'il soit arrivé, c'est il y a très longtemps. Tu n'as pas besoin de ressentir de détresse, de quelque façon que ce soit. Quand tu seras prête, vas-y.

R : Voilà, j'y vais. Benjamin enflamme l'une de ses torches avec le petit feu qu'il a allumé. Il a fabriqué plusieurs torches, avec de l'écorce d'arbre et de l'herbe sèche. Il les prend toutes avec lui, il a l'intention de les allumer les unes aux autres à mesure de ses besoins. Il a peur, mais il est impatient aussi, et puis il a vraiment envie d'aller voir. Il lui faut contourner les amoncellements de roches, et ramper pour passer. Il se fraye un chemin, on dirait de la craie, surtout. Il s'arrête souvent et est à l'affût des odeurs d'ours ou de nids de serpents. Il s'aventure plus avant dans la grotte. La torche n'éclaire pas beaucoup. Il a peur. Il avance lentement et regarde autour de lui avec attention. Quelque chose semble étrange, sans qu'il puisse définir avec exactitude la cause de son angoisse. C'est juste une impression : il ne devrait pas se trouver là. Il se dit qu'il devrait aller parler à son père, revenir plus tard avec lui. Mais il a honte d'avoir peur. Il s'arrête et essaie de savoir ce qu'il doit faire. Décidément, cela sent le danger... Maintenant, tout vacille. Le sol se met à trembler. Benjamin ne comprend pas ce qui se passe. Il n'arrête pas de tomber. Il y a des roches qui s'écroulent dans la grotte.

Q : Détends-toi. Prends du recul, contente-toi d'observer. Tu ne fais que te souvenir d'événements qui ont eu lieu il y a fort longtemps.

R : Oui, je vais bien, je suis un peu ébranlée, mais je vais bien. Mais Benjamin, lui, est tout près de l'entrée. Il tombe et roule sur le dos. Un pan de rocher tout entier s'effondre juste au-dessus de lui.

Q : Est-il mort?

R : Non, mais cela aurait mieux valu. Il est prisonnier. La masse du rocher s'est arrêtée à quelques centimètres seulement de son visage et ses pieds sont bloqués par la roche. Il ne peut ni se retourner ni bouger. On dirait un cercueil de pierre. Le sol a cessé de trembler maintenant. La poussière opacifie l'air, de petites pierres continuent à rouler et à rebondir. Puis tout se calme et se fige. Benjamin peut apercevoir des rais de lumière au travers des fissures du rocher, à moins que ce ne soit la torche qui finisse de brûler... Il essaie de garder son calme, cherchant un moyen quelconque de se libérer. Mais tout mouvement lui est impossible. Il ne peut que regarder l'énorme masse rocheuse qui se trouve à quelques centimètres de son visage. Il aimerait pouvoir tourner la tête et ne plus la voir. Mais il n'a même pas assez de place... Quand bien même le pourrait-il, ses pieds prisonniers l'en empêcheraient. Il aimerait tant se mettre à plat ventre, il se sentirait plus en sécurité, en quelque sorte. Il pourrait peut-être se donner l'illusion que le rocher n'existe pas. Il tente de demeurer calme, de surmonter la panique qui s'empare de lui, il le sent bien. Mais elle le gagne peu à peu : il se met à hurler, à pleurer, essaie de toutes ses forces de repousser le rocher, mais celui-ci agit sur lui comme une camisole de force. Il s'épuise alors en hurlements, pleurs, et vains efforts, jusqu'à ce qu'il ne puisse plus se contrôler. Le pauvre petit, jamais il n'a eu aussi peur.

Q : Tu te sens bien?

R : Oui, bien que cela me dérange. Je connais parfaitement ce sentiment de panique qu'il ressent maintenant. Je comprends sa peur et son sentiment d'impuissance. Mais cela répond à des questions que je me posais depuis longtemps, je veux continuer. Ne t'inquiète pas si je pleure, c'est surtout de soulagement.

Q : Je comprends bien cela. Mais essaie de rester aussi détachée de la scène que possible. Tu ne fais que te souvenir, rien de tout cela ne se passe dans l'instant présent.

R : Je le sais... Tout devient sombre, maintenant. Benjamin est épuisé. Il s'endort un moment, mais se réveille, transi de froid.

Peut-être son père va-t-il venir et le retrouver, songe-t-il, et cette pensée seule suffit à le calmer un moment. Mais il le sait bien : il n'y a qu'une chance infime pour que son père arrive et quand bien même y parviendrait-il, il ne pourrait faire bouger cette énorme masse rocheuse. Il finit par accepter le fait : il va mourir là. Chaque fois qu'il essaie de bouger, la panique s'empare de lui. Il s'époumone, tente d'user la paroi de ses ongles, cherche un moyen de se tuer. Il s'en veut tant! Il espère qu'il va mourir de froid, et continue à être pris d'immenses accès de rage et de peur. Chaque fois, il s'affaiblit un peu plus, perd encore plus conscience de la réalité environnante. Deux longs jours se passent ainsi, il finit par ne plus savoir où il est, ni qui il est. Il baigne dans la brume de sa peur et de son immense envie d'être libre. Au matin du troisième jour, une sorte de déclic se produit, tout s'efface pendant un moment. Puis il se retrouve devant l'entrée de la grotte, stupéfait et sans comprendre. Il lui faut quelques minutes pour comprendre qu'il est mort... Je veux m'arrêter maintenant...

Q : D'accord. Dans un instant. Je vais compter de 1 à 5. À 5, tu ouvriras les yeux dans la réalité actuelle et dans l'instant présent. Tu te sentiras en forme et l'esprit clair. De toute cette expérience tu ne rapporteras que ce qui pourra t'être bénéfique, d'une manière ou d'une autre et à quelque niveau que ce soit. Tu laisseras derrière toi tout ce qui pourrait t'être, d'une façon ou d'une autre, préjudiciable... 1. 2. 3...

La deuxième vie était, sans aucun doute, plus dramatique. Pourtant, R a retiré des informations bien plus nombreuses qu'il n'y paraît de sa première expérience. Tout d'abord, elle lui a permis de comprendre qu'elle avait tendance à s'identifier fortement aux personnalités de ses vies passées, au travers de ses émotions et de ses sentiments physiques. Après s'être retrouvée au beau milieu d'un accouchement, elle a appris à adopter le rôle d'observateur, à sentir intuitivement aussi le moment où elle abordait une situation qui risquait d'être déplaisante.

Dans l'homme chinois plus âgé, R a reconnu Q, celui qu'elle a épousé dans cette vie-ci. Bien qu'elle ait travaillé dans les champs à ses côtés, qu'elle lui ait donné cinq fils, leurs relations ont toujours été marquées par un côté paternaliste, dû à la grande différence d'âge (dix-sept à vingt ans) qui les séparait. Dans leur mariage, actuel, R et Q agissent sur un pied d'égalité. Mais Q est son aîné d'un an et prend inconsciemment une attitude paternelle à son égard. Ce qu'elle a le plus grand mal à supporter, selon ses propres dires... Il ne s'agit là que d'un point de détail dans la fresque générale de leur relation;

R est maintenant en mesure de comprendre l'origine de cette attitude.

L'expérience s'est révélée, à bien des égards, capitale pour Q : en dirigeant la régression, il a pu saisir combien il était essentiel de garder une attitude très vigilante pour permettre au sujet de prendre du recul par rapport à une situation troublante; il a également pu apprécier l'importance du rôle d'observateur. Chez lui aussi, cette expérience a déclenché des souvenirs se rapportant à cette même vie antérieure : il a pris conscience des raisons qui l'incitaient parfois à adopter une attitude paternaliste à l'égard de R; il a ainsi évité d'adopter à nouveau ce même schéma.

R et Q se sont follement amusés du fait qu'ils ont eu cinq fils au cours de cette vie passée : en effet, avant de se marier cette fois, ils avaient pensé avoir cinq... filles. Chiffre qu'ils n'atteignirent finalement pas... Le revécu de la deuxième vie a été de la plus haute importance pour R. Il lui a permis, en effet, de résoudre un problème qui l'avait harcelée sa vie durant : elle était depuis toujours atteinte de claustrophobie. Le simple fait de se voir saisie par les poignets ou de devoir enfiler un chemisier par la tête déclenchait chez elle des accès incontrôlables de panique. Toute son enfance, elle avait été hantée par le cauchemar d'être enterrée vivante. Pour se sentir en sécurité, il lui fallait dormir à plat ventre, les pieds en dehors des couvertures. Tout espace étroit la mettait mal à l'aise. Les grottes l'avaient toujours fascinée, mais elle s'y sentait angoissée, même lorsque celles-ci étaient de taille imposante. Elle ne put jamais se résoudre à dormir dans des lits superposés ni dans un sac de couchage fermé. Lors de la naissance de son premier enfant, la seule chose qu'elle avait redoutée, c'était qu'on lui attache les mains en salle de travail, ce qui était alors pratique courante. Maintes fois, son médecin avait dû la rassurer. Subir un examen radiologique devenait toute une histoire, parce qu'elle devait s'allonger sur le dos, en dessous de l'appareil. Un masque de carnaval ou d'anesthésie posé sur son visage provoquait chez elle des réactions de type hystérique.

Elle avait réussi à comprendre qu'il fallait rechercher les causes de sa claustrophobie dans des vies antérieures, et avait surmonté une partie de ce handicap avant même de retrouver

Benjamin. Pourtant, au fond d'elle-même demeurait cette angoisse, sourde et traumatisante, de se laisser enfermer dans un espace clos, une tombe ou un cercueil. Plus inquiétant encore était ce sentiment d'un domaine inconnu au-delà de sa peur.

Quelques mois avant la régression en question, son mari avait bricolé sa voiture et lui avait demandé de lui prêter main-forte. Il lui avait donc fallu se glisser sous la voiture pour maintenir une pièce. Elle s'était exécutée et avait réussi à dominer sa peur en concentrant toute son attention sur ce qu'elle devait tenir. Son mari changea soudain de position, mettant ses pieds au-dessus des siens, et obstrua l'espace sur le côté du véhicule. Regardant la voiture au-dessus d'elle, elle perdit tout contrôle. Elle réussit à se glisser au-dehors mais, folle de rage, se retrouva tremblante et en pleurs, avec une violente envie de hurler, de griffer et de s'enfuir. Jamais elle n'avait été prise d'un tel sentiment de panique et de perte de contrôle de soi. Cette expérience se révéla très traumatisante.

Sans le vouloir, son mari avait recréé à son intention une situation semblable à celle qu'elle avait connue en tant que Benjamin. En revivant l'aventure de Benjamin, bien qu'elle ait réussi à prendre du recul par rapport à la situation, elle put parfaitement comprendre les émotions que Benjamin ressentait, les associant à la panique et à la peur insurmontables qui l'avaient hantée sa vie durant. Plus important que tout, elle avait pu saisir cet immense territoire inconnu qui sous-tendait sa peur.

Le simple fait de savoir lui avait apporté un soulagement considérable. Au cours des jours qui suivirent, R revécut mentalement les événements, à plusieurs reprises, se libérant toujours un peu plus de ses émotions. Elle trouve toujours « déplaisantes » les situations dans lesquelles sa liberté de mouvement est restreinte, mais il ne s'agit plus de panique ni d'angoisse.

Dernier détail intéressant : on retrouve le récit d'un important tremblement de terre, qui a eu lieu en décembre 1811 et dont l'épicentre était proche de New Madrid (dans le Montana), région proche du nord-est de l'Arkansas. Il s'est étendu sur environ 65 000 km^2. D'après une autre description de la grotte, on a déduit qu'il devait sans doute s'agir de la Grotte de Devil's Den ou de celle de Devil's Ice Box (le réfrigérateur du diable), à mi-chemin entre Fayetteville et Ft. Smith; mais il faudrait que R s'y rende, afin de confirmer ces suppositions.

Q a fort bien agi au cours de cettte régression, en sachant reconnaître les premiers signes d'agitation de R, en lui donnant le choix entre la poursuite ou l'arrêt de la séance, puis en lui prodiguant les encouragements nécessaires au cours de l'expérience.

Le contraste existant entre les deux régressions est frappant : détails, qualité de l'information... La première expérience était très typique : peu de détails lui étaient revenus en mémoire. Les premiers souvenirs furent des indications importantes aux yeux de cette jeune femme : les deux pièces, les cinq fils, un oiseau dans sa cage...

Après plusieurs régressions, il fut plus facile à R de retrouver de plus nombreux détails.

Pensez aux années passées de votre vie : de quoi vous souvenez-vous vraiment? Probablement pas des jours ordinaires, mais de ceux au cours desquels des faits inhabituels sont survenus : un événement heureux, frustrant ou particulièrement irritant, un épisode triste ou tragique, une naissance, une mort, un anniversaire, la réapparition d'un ami dont vous n'aviez pas de nouvelles depuis longtemps, un mariage, un divorce, une maladie ou un accident. Il en va de même pour le souvenir des vies antérieures. C'est pourquoi les vies passées semblent parfois avoir été plus intéressantes, plus fertiles en événements que la vie actuelle. Vous ne vous souvenez simplement pas des jours ordinaires ou ennuyeux.

Vous en doutez encore? Essayez donc de dresser la liste des jours et des événements dont vous vous souvenez depuis votre enfance. Étudiez bien cette liste, comme si vous étiez en train de vivre une autre vie dans l'avenir et que vous soyez en train de régresser dans la vie présente. Si vous ne prenez en considération que les événements marqués sur cette liste, ne trouvez-vous pas que votre vie prend soudain des couleurs, qu'il s'y ajoute une touche dramatique et excitante? Peut-être un peu plus que ce n'est le cas, en réalité? J'insiste sur ce point, afin de vous permettre d'examiner vos expériences – et celles des autres – sous l'angle le plus juste. Souvenez-vous aussi que nous avons vécu de nombreuses vies tout à fait ordinaires, où même les événements extraordinaires apparaissaient comme bien banals.

La régression suivante a été conduite au tout début de notre travail avec cette technique. Le sujet ne croyait pas en la réincarnation qui ne l'intéressait pas, mais accepta toutefois de se prêter à l'expérience. B indique ici la personne en cours de régression, H, celle qui la dirige en séance.

H : ... tu te trouves maintenant dans une vie que tu as vécue avant celle-ci.

B : J'ai l'impression d'avoir une robe de guingan violette et orange. Je porte un tablier blanc, avec des volants.

H : Quel âges as-tu?

B : Quatre ans environ

H : Quel est ton nom?

B : Eliza.

H : Où habites-tu?

B : On dirait la campagne, mais ce n'est pas vraiment cela. Les maisons sont éloignées les unes des autres, mais proches de la ville.

H : Avance dans le temps d'environ cinq ans, jusqu'à ce que tu aies neuf ans. Il ne te faudra qu'un instant. Dis-moi quand tu y seras.

B : J'y suis.

H : Regarde mentalement au travers de tes yeux, écoute grâce à tes oreilles. Où es-tu? Que fais-tu?

B : J'entends sonner la cloche de l'école. Je porte une robe vert foncé, mais pas de tablier. J'ai de longs bas de coton noir et des culottes bouffantes avec des volants et de la dentelle.

H : Vas-tu à l'école?

B : Non, j'attends que mes frères reviennent à la maison. Je les vois qui arrivent et me font des signes de la main.

H : Comment s'appellent-ils?

B : Ezra et Jérémie. Moi, c'est Marie Eliza.

H : Comment sont-ils habillés?

B :Ils portent un pantalon et une chemise.

H : Où vivez-vous? Dans quelle partie du monde?

B : Le Kentucky.

H : Décris-moi ta mère.

B : Aucune impression.

H : Décris-moi ton père.

B : Aucune impression.

H : Avance dans le temps d'environ cinq ans, lorsque tu as quatorze ans. Dis-moi dès que tu y seras.

B : J'y suis.

H : Regarde mentalement à travers tes yeux, et écoute grâce à tes oreilles. Où te trouves-tu? Qu'es-tu en train de faire?

B : Je suis assise au pied d'un bouquet d'arbres, près d'un lac. Il y a un homme plus âgé à mes côtés, je l'aime bien. Il fume une longue pipe. Son crâne est dégarni sur le dessus, mais porte de longs cheveux gris sur les côtés.

H : Qui est-il?

B : Il pourrait être mon père.

(Elle a alors commencé à répondre systématiquement « Aucune impression » à chacune de mes questions, alors qu'il était évident qu'elle se souvenait de beaucoup de détails. Elle a bientôt exprimé le désir de passer à une autre vie.)

H : Tu te trouves maintenant dans une vie qui a précédé celle-ci...

B : Je fais du patin à glace. C'est l'hiver et il fait très, très froid. Décembre.

H : Comment t'appelles-tu?

B : Katrine.

H : Quel âge as-tu?

B : Neuf ans.

H : Où vis-tu?

B : A Amsterdam.

H : Quelle est l'année?

B : Je ne sais pas.

H : Avance dans le temps d'environ six mois.

B : Les tulipes et les autres fleurs sont en pleine floraison. Je porte une splendide robe de velours bordeaux, avec de la dentelle blanche et des bas blancs.

(Elle s'est alors mise à parler avec un accent allemand

très prononcé, et en rythmant son discours de manière inhabituelle.)

B : Papa m'a apporté des chaussures en bois. Ja, (oui) des sabots de bois, comme les paysans, mais avec des fleurs peintes dessus.

H : Parle-moi de ton père.

B : Papa est un grand et bel homme. Il possède de nombreux restaurants élégants. Il est riche.

H : Parle-moi de ta mère.

B : Je n'en ai pas.

H : As-tu des frères et sœurs?

B : Non, ni frère ni sœur.

H : Avance dans le temps d'environ six ans, jusqu'à l'époque de tes quinze ans. Cela ne te prendra qu'un instant. Dis-moi quand tu y seras.

B : Ja.

H : Où te trouves-tu et que fais-tu?

B : À Amsterdam. Je me laisse conter fleurette par des garçons. Oui, j'ai beaucoup de petits amis.

H : L'un d'entre eux t'est-il particulièrement cher?

B : Ja freilich (oui, vraiment). Hans m'est particulièrement cher, il est très beau garçon. Il m'aime bien aussi. Ja. Il a dix-neuf ans.

H : Vas-tu l'épouser?

B : Ja. Nein, pas encore. Papa a dit qu'il nous fallait attendre deux ans.

H : Avance maintenant de deux ans dans le temps, à l'époque à laquelle tu as dix-sept ans environ.

B : Ja. Hans est toujours là, nous allons nous marier. Je possède de nombreuses robes, magnifiques. Ma robe de mariée est en velours noir (?) avec beaucoup de dentelles. Il y a beaucoup de gens importants qui sont présents. Ils sont tous très beaux. Papa dit que le jour d'un mariage, tout le monde est particulièrement à son avantage.

B a demandé alors d'achever cette séance. Le simple fait d'avoir obtenu des impressions la dérangeait; son accent, les mots étrangers qu'elle utilisait et cette autre manière de s'exprimer, tout cela l'avait beaucoup perturbée. Elle dit ensuite que les mots lui étaient venus naturellement. Elle supposa que

Katrine parlait probablement anglais, mais que l'allemand avait été sa langue maternelle. Selon elle, Katrine et son père avaient quitté l'Allemagne pour Amsterdam, après la mort de la mère de Katrine, alors que celle-ci n'était encore qu'une toute petite fille. B refusa de discuter plus avant de cette expérience et n'exprima jamais le désir de connaître une autre régression.

Ceux d'entre vous qui sont plus attirés par l'ésotérisme trouveront certainement la régression suivante, extrêmement intéressante. L'homme en état de régression a fait preuve de nombreux dons psychiques, à diverses reprises. Il hésitait pourtant beaucoup à les exprimer sous quelque forme que ce soit, s'il courait le risque d'attirer l'attention sur lui. Ce n'était pas sa première régression; il n'avait donc besoin que de directives très limitées. Les questions ne suivaient pas le schéma habituel, cette personne étant à la recherche d'une information précise. La première des vies antérieures a lieu en Égypte, la seconde au Tibet. Z est dirigé par C.

C : Où es-tu?

Z : Je suis assis à une table et je fixe une grosse pierre verte, une émeraude je crois. Un petit trou a été percé en son centre, qui permet à un fil d'or de passer. Chaque bout de ce fil est fixé à l'horizontale, de telle sorte que le joyau est en suspension. Je fais tourner très rapidement la pierre, en n'utilisant que mon esprit pour cela. J'aime beaucoup le sentiment de puissance que cela me donne.

C : Où as-tu appris à le faire?

Z : C'est dans une vie antérieure que j'ai acquis cette connaissance, et j'ai appris à m'en souvenir.

C : Dans quel but?

Z : Mention en a été faite au jour de ma naissance. *(Il s'agit là du thème astrologique de naissance.)* J'ai été contraint de m'en souvenir. On m'a dit que j'aurais besoin d'utiliser ces connaissances au cours de cette vie.

C : Savoir faire tourner un objet sur lui-même?

Z : Je ne faisais que jouer avec cette pierre précieuse. J'aime regarder les flamboiements qu'elle dégage et les scintillements qu'elle jette en tournoyant de la sorte. Je me plais alors à me concentrer et à me laisser emporter hors de mon corps. Je sais déplacer les objets, quelle que soit leur taille. Peu importe qu'ils soient liquides ou solides, gazeux même, animés ou inanimés.

C : Es-tu capable de déplacer ce qui n'est pas physique? Es-tu en mesure, par exemple, de déplacer la pensée, de modeler les événements?

Z : Oui. Je ne le veux pas. J'ai trop à apprendre. Mais j'aimerais tout oublier. Au lieu de me livrer leur enseignement, ils ne cessent de me mettre à l'épreuve. Ils s'efforcent si fort à pénétrer mon esprit, sans répit. Ils ne me laissent jamais tranquille... fais ci, fais ça!

C : Te souviens-tu comment on t'a appris à te souvenir de tes connaissances, de ce qu'on t'a dit alors?

Z : Oui. Un peu comme ce que nous faisons en ce moment même. Mais avec d'autres techniques. Je ne peux pas en parler.

C : Pourquoi?

Z : C'est un serment que j'ai prêté devant mes premiers professeurs. Ils disaient que cela pourrait porter préjudice à ceux qui ignoraient comment en faire bon usage. Ceux qui savent s'en servir savent aussi comment l'obtenir. D'ailleurs, je n'en ai pas fini. Ils me disent qu'il y a encore une dernière épreuve. Ils m'ont promis qu'après ce dernier test je serai libre de mener ma vie comme bon me semble, de décider quand et comment utiliser mes facultés.

C : Quand cette épreuve aura-t-elle lieu? De quelle sorte de test est-il question?

Z : C'est pour bientôt, très bientôt. J'ignore en quoi consistera ce test. Je ne vois pas de quelle autre manière ils pourraient me mettre à l'épreuve. J'ai envie d'en finir. Je ne devrais pas avoir de raison de redouter quoi que ce soit. Pourtant, je sens quelque chose de diabolique dans l'air.

C : Peux-tu trouver la source de ce mal?

Z : Non. J'ai regardé en moi. Je n'ai fait de mal à personne, je n'ai blessé personne. Je n'ai ni désiré ni dérobé quoi que ce soit qui ne m'appartienne, je n'ai pas tué. Je n'ai pas commis de médisance. Je n'ai pas abusé de l'esprit ou du corps. Je n'ai jamais révélé de mystères sacrés. Je ne peux trouver de mal en moi, à moins que ce ne soit mal de désirer la liberté, de vouloir avoir un esprit bien à soi, ou d'avoir envie parfois de mener une vie libre.

C : Le mal se situe peut-être en quelqu'un d'autre, as-tu regardé ?

Z : Je ne veux pas infliger à autrui ce que je déteste tant qu'on me fasse. Non, si le mal m'attend, je vais l'affronter, le maîtriser. Je ne dois pas craindre de devenir un être complet.

C : Quel est ton nom ? Quel âge as-tu ?

Z : Amman. J'ai quinze ans.

C : Qui sont ces premiers professeurs dont tu parlais plus tôt ? Ceux qui t'ont enseigné à retrouver tes capacités ?

Z : Mes parents et un prêtre d'un temple proche de la maison.

C : T'ont-ils conduit ici ?

Z : Non. Les prêtres sont venus un jour à la maison, alors que j'avais dix ans. Selon eux il était écrit que je leur appartenais. Mes parents ne voulaient pas me laisser partir, mais ils n'ont pas eu le choix.

C : Pourquoi ne voulaient-ils pas que tu viennes dans ce temple ?

Z : Parce que j'étais extrêmement jeune, je pense. Ils m'ont prié de ne pas me parjurer, d'être à l'écoute de ma voix intérieure qui m'indique ce qui est bon et ce qui est mauvais. J'ai essayé de m'y tenir, en dépit de nombreuses tentations.

C : Qui a cherché à te tenter ?

Z : Les prêtres, ici même. Je sais qu'ils s'efforçaient de me convaincre d'utiliser mes pouvoirs à des fins diaboliques. En dépit de tout, j'ai résisté. En fait, il ne s'agissait pas de tentation à proprement parler. J'ai parfois l'impression qu'ils ne sont pas très intelligents, ou qu'ils en pensent autant à mon égard. Ils savent qu'ils ne peuvent m'acheter, mais moi je sais que jamais je n'aurais été payé. Ils se seraient contentés de me chasser du temple. Je ne comprends pas pourquoi ce dernier test m'effraie autant.

C : Viens-en au moment du test final.

Z : Durant les trois jours de préparation, je n'ai pas bu ni mangé. Aucun vêtement ne doit toucher mon corps. Je demeure en un même endroit, je prie et envoie mon âme s'enquérir d'une information omise dont il faudrait me souvenir, si le mal demeure à mon insu dans quelque coin reculé de moi-même. Une seule question s'impose à moi. Pourquoi nous faut-il rencontrer les dieux dans quelque coin reculé et de mauvais augure? Ne se trouvent-ils pas sur les rives du fleuve, dans les champs, dans le désert baigné de soleil? Une bien étrange question, à la vérité. Pourquoi cela doit-il m'arriver à moi? J'aimerais poser la question aux prêtres, mais il m'est interdit de parler jusqu'à la fin de l'épreuve. Ils ne m'ont même pas dit en quoi consiste ce test. Ils m'ont simplement assuré que, le moment venu, je le saurais.

À l'aube du quatrième jour, les prêtres sont venus, ont lavé mon corps, et l'ont oint d'huile sacrée. Ils l'ont appliquée à l'aide de petits morceaux de tissu, en souriant, me révélant qu'il s'agissait là d'une huile sacrée, un mystère hérité d'un passé lointain, et qu'ils ne doivent pas la toucher eux-mêmes.

Pourquoi ai-je peur? Qu'ai-je donc à craindre?

Ils me mènent à présent dans une pièce située loin sous le temple. Mon corps est agité de tremblements, à coup sûr la faim, la soif et la peur, toutes trois confondues. La pièce est sombre et froide. Un lieu de mort. Ni chaleur ni vie ne s'en dégagent. Rien de surprenant pour moi. Le mal règne ici, est-ce ma peur? Je me sens troublé. La peau me brûle, mes membres s'affaiblissent. Ils me font avaler une gorgée d'une potion destinée, selon eux, à m'aider « pour la route ». Vers où? Le goût en est amer et acide au palais.

Je suis seul désormais; trop faible pour tenir debout, ou même pour m'asseoir. Je ne devine toujours pas l'objet de cette épreuve. J'essaie de quitter mon corps, mais mon esprit s'embrume. Je ne peux quitter mon corps, et j'ai peur. Je comprends maintenant le mal. Cette peur n'est pas la mienne, mais celle des prêtres. Ils me craignent et le mal les possède. Ils n'ont réussi ni à me dominer ni à me soumettre à leur volonté malfaisante. L'huile sacrée se révèle un poison, une potion, une drogue destinée à m'embrumer l'esprit.

Dieux de l'Égypte, pourquoi avez-vous permis cela? Je vous ai servis de tout mon cœur. Je vous renie comme je me renie! Je maudis tous ceux qui servent dans ce temple. Si j'en avais seulement la force, je ferais s'écrouler sur eux les murs de ce temple.

C : Veux-tu explorer la période de l'après-vie?

Z : Non, pas maintenant. Une autre vie me tente, qui, d'une certaine façon, est en relation avec celle-ci.

C : Va dans cette vie.

Z : Je vois un petit cheval bai, poilu. J'ai une folle envie de le monter, mais peu d'espoir d'y parvenir. Je voudrais jouer, courir et être libre.

C : Où es-tu?

Z : Au Tibet.

C : Parle-moi de toi. Pourquoi ne peux-tu monter ce cheval?

Z : Je suis un petit garçon, j'ai sept ans. Mon père ne veut pas. Il a peur de moi. Mentalement je parviens à enfourcher le cheval. Je galope à toute allure et sens l'air qui me fouette le visage. Comme c'est bon! mais je ne dois en dire mot. Il me bat lorsque je raconte ce que je fais, me traite de menteur, m'entraîne loin de la maison.

C : Où t'emmène-t-il?

Z : Je ne veux pas regarder cet endroit. C'est grand, sombre et effrayant. Je n'augure rien de bon. Il s'agit d'un temple, mais différent de ceux de mon pays. Nulle trace, ici, de quête spirituelle. Se remplir la panse, épancher leur colère. Voilà ce qui les intéresse. Mon père me conduit jusqu'à la porte et me pousse à l'intérieur. « Voilà, il est à vous. Faites-en ce que vous voudrez. Je n'en veux pas. »

C : Que s'est-il passé ensuite?

Z : Les huit années suivantes furent affreuses. J'oubliai que je pouvais chevaucher mentalement mon petit cheval. Je connus la faim et le froid, je fus souvent battu. On m'employait à la cuisine comme homme de peine. Autorisé parfois à m'asseoir en classe avec d'autres garçons dans mon cas, j'appris, oui, mais bien peu. Le professeur enseignait « au fouet », ne cessant de répéter : « Plus vous les battez, plus vite ils apprennent. » Les jours se succédaient, toujours plus semblables. Je perdis conscience de moi-même. Je ne connaissais que la faim, la peur et le froid. Même en été, lorsque le soleil est chaud et que les montagnes verdoient, il faisait froid entre ces murs.

C : Que s'est-il passé après ces huit années?

Z : On m'a témoigné de la bonté, on m'a traité en tant qu'être humain.

C : Qui t'a témoigné cette bonté?

Z : Un honorable et vieux professeur, en chemin de pèlerinage, qui fit halte dans nos murs pour la nuit. Je le rencontrai dans un couloir, il posa sa main sur mon épaule et me dévisagea longuement. Il y avait bien longtemps qu'on ne m'avait considéré et traité comme un être humain. Son visage rayonnait de bonté et de sagesse. « Qui es-tu? m'interrogea-t-il. Rien. Je n'ai pas de nom, on m'appelle simplement " garçon ". – Tu es un être humain, rétorqua-t-il, tu n'as nul besoin de nom pour être toi-même. Mets-toi en quête de ton cœur et de ton esprit et tu te rappelleras alors qui tu es. Apprends à te guérir toi-même, et tu pourras guérir ceux de ton entourage. »

C : Qu'as-tu fait?

Z : J'ai appris à repousser les ténèbres hors de moi, me nourrissant de ses sentences. Je me rappelle encore son regard, et du fait qu'il me reconnaissait en tant que personne et non comme un objet, bon à recevoir des coups de pieds et des ordres. J'ai appris à m'introspecter : je découvris que mon mépris n'avait d'égal que le leur. Ainsi notre stade d'évolution, hélas, coïncidait. Je décidai alors d'évoluer et de me fixer un objectif : j'allais apprendre à me guérir.

C : Quelle a été ta démarche?

Z : La seule qui m'ait semblé possible. J'ai d'abord recherché d'anciens livres renfermant les secrets de la guérison, de la guérison physique. Ceux-ci révélaient quelles plantes et quelles herbes ramasser et comment les préparer. L'important était de commencer quelque part, afin de rendre mon mental positif et d'en chasser toute rancune, tout sentiment négatif.

C : Qu'en ont pensé les autres? T'ont-ils laissé étudier?

Z : C'est étrange, en fait. Dès que j'ai renoncé à toute servilité, et déterminé ma propre voie, ils m'ont laissé tranquille. J'ai pris ma juste part de nourriture, et personne ne m'en a empêché. J'ai même détourné quelques rations supplémentaires, pour les distribuer à d'autres hommes de peine faméliques.

C : T'en ont-ils été reconnaissants?

Z : Non, ils se sont contentés de se remplir l'estomac. Je n'ai pas réussi à les « rencontrer », de la même manière que mon honoré professeur était venu à ma rencontre.

C : Après tes études sur la guérison, à quoi t'es-tu intéressé?

Z : Je me suis mis à parcourir les montagnes et les vallées, à la recherche de plantes et d'herbes. C'est alors que ma propre guérison s'est amorcée. Du haut des montagnes j'avais l'impression de dominer le monde entier. J'avais envie de connaître le Créateur de ces montagnes, leurs pics majestueux, leur blanche couronne, les coquelicots dorés dans les vallées, et tout ce qui compose le monde. J'ai su faire demi-tour dans le tunnel du temps, et retrouver en moi le petit garçon qui savait galoper mentalement sur son cheval.

Il m'a fallu vingt ans pour guérir, apprendre que tout homme était en moi et que j'étais en tout homme. J'ai appris à guérir les maladies du corps, de l'esprit et de l'âme. En même temps que je glane plantes et roches pour la concoction d'un remède « physique », je collecte également toutes sortes de joies inimaginables, la bonté entre autres, que je brasse en vue de la guérison mentale. J'œuvre pour la paix, pour la guérison de l'âme.

C : Comment cela a-t-il affecté ceux qui t'entouraient?

Z : Les pauvres dans les villages et dans les montagnes me sont reconnaissants de les avoir libérés de leur douleur, sans pourtant y comprendre grand-chose. La plupart de ceux du temple me méprisent, pour qui bonté et compassion sont signes de faiblesse. Ils m'ont surnommé « le ramasseur d'herbes ». Mais qui se soucie encore d'un nom? Je n'ai plus besoin d'être reconnu. J'ai tenté de faire partager mes nouvelles connaissances à ceux qui en semblaient capables. Certains ont manifesté comme une lueur dans le regard, mais, pour la plupart, ils se sont contentés de m'observer et de garder un silence glacial. Leurs âmes sont tellement malades que leur guérison ne relève pas de mon pouvoir. Je m'en vais les aimer, les traiter avec bonté, tout comme j'ai appris à m'aimer moi-même, et, par là même, celui qui nous a créés, eux et moi. J'allégerai leurs souffrances grâce à mon esprit et à mes potions. Peut-être s'en souviendront-ils un jour et comprendront-ils alors...

C : Comment as-tu vécu les jours de cette vie?

Z : Dans ma trente-septième année, je grimpai jusqu'au sommet d'une montagne escarpée et abrupte, à la recherche d'une pierre aux pouvoirs curatifs. Un frère du temple m'avait suivi. Je le savais, mais, n'en avais rien laissé voir. Je connaissais son cœur, et savais que rien ne pourrait modifier la voie de son choix – il suffirait seulement d'attendre d'autres circonstances. J'allais affronter un moment de ma vie qui pourrait devenir des plus glorieux.

Quand il m'a poussé dans le vide, je me suis détendu, j'ai laissé mon amour et ma compréhension se diriger vers lui. Je me suis efforcé de me sentir flotter dans la main de Dieu. Tout s'est passé très vite, mais mon esprit fonctionnait à une telle allure que cela me parut une éternité. Je voulais aiguiser mes sens, être aussi conscient que possible de toute sensation; si bien que lorsque j'atterris sur les rochers aiguisés, je ressentis alors toute la gamme des douleurs, refusant des les atténuer par mes connaissances. J'ai saisi ensuite chacun de ces instants, les ai chéris, adressant tout mon amour à ceux qui avaient été mes instruments de mort, à tous ceux qui vivaient dans le temple. Enfin, j'ai remercié Dieu de m'avoir laissé mener cette vie, et de m'avoir conduit jusqu'à cet instant. Dans le triomphe de ce moment, je savais que jamais, au cours de vies futures, personne ne pourrait attenter à mon corps physique pour embrumer mon esprit, m'ôter la paix, et m'arracher mon désir d'amour ou ma volonté de témoigner compassion et bonté. Personne ne pourrait jamais me faire regretter mon existence, provoquer en moi la haine, ou me faire renier mon Créateur. J'étais le seul catalyseur de ces événements, et, grâce au meilleur de moi-même, cela ne se produirait jamais.

Au moment de ma mort, je baignais dans la douce chaleur de l'amour et de la paix. J'étais libre. »

C'est ainsi que Z a pu comprendre les sentiments confus qui l'animaient à propos de ses dons psychiques, se souvenant et se baignant aux sources d'une leçon apprise depuis fort longtemps.

Voici encore une régression, la dernière qui vous est présentée. Elle vous permettra d'apprécier la vaste gamme d'informations qu'il est possible d'obtenir. Elle plair particulièrement à ceux que la légende romantique de l'A tide fascine. Il s'agit là de trois régressions différentes, ec- tuées par trois personnes distinctes, à quelques mois d'intervalle. A, le premier, est un homme ayant régressé dans une vie en tant que père de la seconde personne, B. B est une femme ayant vécu antérieurement en tant qu'homme, fils de A et amant de C. C est un homme actuellement, qui a vécu une vie en tant que femme. Afin de sauvegarder l'intérêt et la clarté du récit, nous avons gommé la plupart des questions posées au cours des régressions, ainsi que certains détails redondants.

A : « J'ai environ vingt ans. Je m'avance vers l'école du temple pour y rejoindre mon père accompagné de deux anciens. Ils m'attendent pour continuer de m'apprendre comment développer et utiliser mon esprit. J'ai obtenu le degré violet, et me prépare à l'initiation du degré or. Ces distinctions correspondent aux couleurs des régalias (sortes d'aubes) que nous portons. Chaque couleur désigne le niveau de connaissances manifesté par l'initié. L'ultime grade est blanc.

J'entre dans la pièce où ils m'attendent. Tout est blanc ou or et scintillant. Au sol, un immense soleil étend ses rayons jusqu'aux murs de la pièce. Au centre du soleil, une étoile à six branches, avec en son milieu un triangle renversé. Je suis assis au milieu du triangle et les trois hommes à chacun des angles. Ils me communiquent par télépathie des informations qui, pour la plupart, ont trait à la juste manière de gouverner. Il s'y associe un sentiment de puissance et de force. Cette formation dure depuis des années. Au fil du temps, ces trois hommes vont se fondre dans l'anonymat et je deviendrai, moi, le chef religieux du peuple. Pour l'instant, la plupart des hommes vivent en paix, heureux et en harmonie avec l'Univers. Il n'en sera pas toujours de même. »

Q : Avance dans le temps de quelques années, jusqu'à ce que tu aies gouverné pendant un certain temps. Examine le climat politique et l'information que tu es venu chercher. Quels sentiments ces responsabilités te procurent-elles?

« Les trois hommes qui m'ont transmis leur savoir se sont fondus à l'arrière-plan. Ils emploient leurs dons à rechercher et propager des informations, dans des coins reculés du monde, à des hommes prêts à en faire bon usage bien qu'ils ignorent parfois leur origine.

Les responsabilités pèsent terriblement... Je sens que tout le pays a les yeux fixés sur moi, attendant de moi des directives. Les hommes tentent de rester en harmonie avec leur environnement... Toute la préparation du monde n'aurait pu me préparer à cela. Le vrai pouvoir, la haute autorité émanent du centre de l'Univers.

Bientôt je vais me marier. Il s'agit d'une femme très particulière qui a émigré de l'immense partie nord du territoire. On la dit descendante des derniers survivants de notre mère patrie la Lémurie. Je sais que cette union sera heureuse et fertile. Nous sommes en parfaite harmonie, et j'attends cet événement avec impatience, bien qu'il ne soit pas mon principal souci. Amour, force et souci de bien gouverner constituent le centre de mon univers. Le reste est relégué au second plan. Je ressens un tel sentiment de plénitude...

La paix et l'harmonie règnent encore sur le pays, mais différemment de l'époque de mes dix-sept ou dix-huit ans. J'ai maintenant trente ans et j'occupe le degré blanc.

Des nuées noires s'amassent aux frontières du pays. Quoi que nous fassions, elles semblent ne pas vouloir s'en éloigner. »

(L'époque se situe maintenant environ dix ans plus tard. Le sujet régressé est une femme, qui se souvient de sa vie en tant que fils de A.)

B : « Je me trouve dans un bâtiment au toit en forme de dôme, un peu comme un musée ou un hall d'exposition. Il ne s'agit pas d'un lieu de culte. L'endroit est très richement décoré, les couleurs vives et superbes. Le dôme comporte des panneaux bordés chacun de dorures. Des statues d'albâtre, représentant des hommes et des femmes, encadrent la pièce. Au centre, une statue d'une hauteur de quelque dix mètres, représentant une femme, attire immédiatement le regard. Elle tend les bras, ornés d'ailes en plumes. Je reconnais en elle le symbole, non pas tant de l'âme que de la liberté accessible à l'homme. Ce n'est pas très facile à expliquer, en fait. Je n'ai que cinq ans, je suis un petit garçon, et je sais seulement que cette statue me plaît. Elle me procure un sentiment de bien-être. C'est un lieu de concentration.

La femme qui m'accompagne est ma mère. Elle n'est pas une prêtresse à proprement parler; elle vit dans l'enceinte du temple, mais n'appartient pas aux ordres du temple. Elle occupe une position très particulière.

Oui, j'ai treize ans maintenant. Je porte une chemise rouge, qui m'arrive à mi-cuisses. J'en suis au deuxième degré de mon initiation. Au premier degré se trouve une fille, ma meilleure amie. C'est bien plus qu'une amie; en fait, je l'aime. Quand nous serons suffisamment âgés, nous nous marierons. Mais tout ça, je ne suis pas sensé y penser à l'heure actuelle.

Ma mère? Elle vient d'un autre continent, de cet énorme bloc situé au nord du pays. Oui, elle est d'une autre race. Le teint beaucoup plus clair, les cheveux et les yeux foncés. Elle n'a pas eu besoin de suivre tout le cheminement de la prêtrise. Elle avait déjà atteint de hauts niveaux par sa seule éducation. Elle fut acceptée comme une égale des rangs les plus élevés. L'histoire raconte qu'elle est une descendante directe du dernier survivant de Lémurie. »

(L'époque : quelques années plus tard. Les personnages : C, un homme, qui se souvient de sa vie en tant que maîtresse de A, durant les derniers jours de l'Atlantide.)

C : « Je suis une femme, une vraie femme! J'ai environ seize ans, les cheveux blonds, très longs, la peau cuivrée et les yeux couleur d'ambre. Je suis nue, debout sur un piédestal. D'autres filles s'approchent de moi, et, d'une manière très professionnelle, commencent à me vêtir. D'abord d'un sous-vêtement blanc, transparent, puis d'une robe d'un bleu royal extrêmement soutenu. Cette tenue est destinée à une cérémonie religieuse, une initiation. C'est extrêmement important. Seules douze d'entre nous vont progresser, cette fois. Le nombre diminue chaque fois. Je suis dans une grande ville, avec des bâtiments comme du verre doré et, en son centre, un îlot qui ressemble un peu à Central Park, à New York. Un grand immeuble de pierre semblable à une ancienne lamasserie. J'y vis depuis l'âge de huit ans, avant quoi je n'ai guère de souvenirs. Mes parents étaient des prêtres, mais nous n'avons pas connu de vie de famille. Quand j'étais petite, je pouvais les voir à ma guise, mais nous ne connaissions pas ce type de relations traditionnelles que partout ailleurs on constate entre enfants et parents. Non, je ne ressens aucun sentiment négatif à cet égard. J'ai un frère et une sœur qui vivent avec moi. »

Q : Que s'est-il passé après que l'on t'eut habillée pour la cérémonie?

C : Une fois vêtue, je fus conduite dans une grande salle, au cœur du vieil immeuble de pierre. Sa construction remonte aux tout premiers jours de notre royaume. Le plafond en est bas et soutenu par de gros piliers. De nombreux prêtres sont rassemblés, habillés dans les six couleurs différentes, selon leur rang et leur fonction : blanc, or, violet, bleu, rouge et vert. La salle épouse la forme d'une roue, dont les allées forment les rayons. Douze d'entre nous sont conduits au centre, où nous formons un demi-cercle. Les prêtres en robe blanche conduisent la cérémonie d'initiation. Nous nous agenouillons et, lorsque les prêtres nous touchent le front, la salle devient tout à fait silencieuse. Je demeure consciente tandis qu'on m'entraîne hors de mon corps et que je suis initiée aux rites de ce degré. C'est vraiment un grand jour dans ma vie. Mon nom? Ta-san-dra-, c'est la meilleure façon dont je puisse le prononcer dans cette langue. »

(Note : B conduit la régression de C.)

C : « J'ai un amant. Dès que j'aurai réintégré mon corps, je veux lui faire partager cette information. C'est toi mon amant. Dans cette vie, tu es un homme et nous ne faisons qu'un en corps comme en esprit. Ils savent tout à notre propos. Un accord tacite semble exister et tout restera secret aussi longtemps que nous serons discrets. Les circonstances font que nous avons décidé de ne pas prononcer encore nos vœux de mariage. La plupart du temps que nous passons ensemble, nous le consacrons à l'étude et à la découverte. Tu es légèrement plus âgé que moi, mais de peu. Tu vas bientôt être initié au degré or. Nous débordons de vie, enivrés l'un de l'autre, et épanouis grâce à nos activités communes. Je n'en sais pas davantage pour l'instant.

Qu'en est-il des gens et de notre culture? Notre ville, Cumara, est grande et moderne sous bien des aspects. Pourtant, bien des contradictions apparaissent dans de nombreux cas. Il existe bien des systèmes de transports en commun, mais les mœurs de la population semblent souvent archaïques. Prenez les vêtements, par exemple : certains s'habillent de façon très moderne, légère. Des femmes portent une combinaison, qui leur dénude la poitrine; d'autres sont vêtues de robes à mi-cuisses ou tombant aux chevilles. Des hommes s'affublent de shorts, d'autres, encore, de vêtements qui leur battent la cheville; d'autres, enfin, tout ce qu'on peut imaginer d'un extrême à l'autre. Jeunes et personnes âgées revêtent indifféremment les tenues les plus diverses. Certains semblent appartenir à l'ère de la conquête spatiale, d'autres ressemblent à des bergers qui viendraient en ville pour la première fois. Leur différence ne procède donc pas d'un point de vue sociologique ou ethnique; la religion est reine. L'un de ces groupes se montre plus libéral, l'autre se prétend plus puritain.

À quel moment cela se passe-t-il? À la fin de la seconde période. La dernière grande île-continent est divisée en trois par de grandes fissures. L'Atlantide, en tant que continent unique, avec des îles satellites alentour, fait partie de l'histoire ancienne. Sa destruction remonte à des temps reculés. Elle n'a plus aucune importance, sauf pour la prêtrise. Une bonne partie de l'enseignement en début de scolarité concerne l'Atlantide, à l'époque de sa colonisation par la mère patrie de Lémurie.

Cumara est une ville balnéaire sur les rives d'un large fleuve, qui va se jeter dans la mer. La ville me rappelle la Nouvelle-Orléans. Dans le passé, et encore récemment, nous faisions du négoce avec le monde entier. Plus maintenant. Les tendances modernistes sont représentées par des militaires ou par ceux qui les soutiennent. Ce qui ne semble pas sans rapport avec la fermeture des ports.

De nombreux quais, le long du fleuve, abritent les bateaux de plaisance, les bateaux-cygnes couleur bleue, rouge, or et verte, couleur des cieux. La classe des prêtres possède ses propres bateaux, en général tous blancs, sauf un ou deux, qui sont dorés.

Dans ma mémoire, je viens de monter à bord d'un des plus grands bateaux, qui tient lieu également d'habitation. Tandis que je me dirigeai vers eux, il me sembla soudain qu'un de ces navires-cygnes tounait la tête vers moi, et me fixait d'un œil... une sensation si fugace... Comment s'empêcher d'imaginer qu'aucune vie ne l'animait... »

Q : Avance jusqu'à l'âge de trente ans.

C : « Une mauvaise période s'est abattue sur le pays. La guerre est imminente. Tout s'assombrit à l'horizon. Nous ne pouvons nous défendre contre les militaires, et ils ne maîtrisent pas complètement les forces qu'ils déchaînent. L'issue est évidente : nous ne pouvons sortir vainqueurs de cette épreuve.

Nous avons, toi et moi, continué à nous rapprocher, mais n'avons toujours pas prononcé nos vœux de mariage définitifs. Par une nouvelle cérémonie nous avons accédé au degré blanc. Nous nous aimons profondément et sommes très attachés l'un à l'autre. Nous ne sommes qu'un. Ce qu'on nous a demandé de faire nous semble épouvantable. Notre pays court à sa perte. Les prêtres seront divisés. Certains partiront, d'autres resteront. Il nous semble à peine croyable que nous puissions être séparés, bien qu'à un autre niveau nous puissions comprendre et accepter, parce que toute notre vie gravite autour de la dévotion à Celui qui nous a créés.

Il me faut partir, jouer un rôle dans l'élaboration d'une prochaine étape de l'évolution de l'homme quelque part ailleurs sur cette planète. Il a été décidé de rejeter désormais toutes les traditions et mœurs des siècles passés. Un chemin spirituel nouveau, plus simple, sera proposé à l'homme. Ceux qui ne peuvent jouer un rôle primordial demeureront ici jusqu'à la fin, pour venir en aide aux autres. Tu vas rester pour leur servir de guide dans ces circonstances.

Tu sais, ce bateau-cygne, sur lequel nous avions coutume de nous retrouver, je vais le prendre, ainsi que deux autres, et je vais appareiller vers d'autres cieux avec une petite troupe. Nous partagerons cette épreuve de séparation, comme nous avons partagé tant de jours et de nuits. Notre mort est imminente, nous en sommes certains tous les deux. C'est une question de jours, de semaines peut-être. J'envisage même de mourir en émigrant vers des pays aux peuplades primitives grâce auxquelles nos connaissances ne sombreront pas dans l'oubli. Je ne m'en sens pas la force, mais il me faut partir.

Je me revois encore, debout sur le pont du bateau, le regard tourné vers la ville rétrécissant à l'horizon. Bientôt le bateau-cygne déploie ses ailes et s'envole, rasant la surface des flots. Nous voyageons à grande vitesse durant des jours entiers, puis le bateau se pose sur l'eau, au large d'une côte noyée de brume. J'aperçois les vagues qui se brisent sur un rivage que je ne vois pas.

Le lendemain, je suis encore à bord lorsqu'un coup violent m'assomme. Tu es mort, tous les autres aussi – il n'y a plus personne. Ton esprit est venu flotter jusqu'à moi. L'horreur de ce que tu as vécu t'habite encore, tu te sens si profondément triste... J'ai ainsi passé plusieurs heures assise là, en communion avec toi, jusqu'à ce que tu soies en paix. Il est temps maintenant pour les autres et pour moi de débarquer, de prendre un nouveau départ. »

Chapitre V

Historique de certains cas

Au fil des ans, j'ai acquis une grande expérience dans le domaine de la régression. J'en ai autant dirigé que pratiqué moi-même. J'ai sans doute acquis un large champ d'expérimentation. Les cas ci-après sont destinés à servir d'exemples des problèmes et des situations les plus diverses qui peuvent se présenter. L'expérience de la régression montre comment ceux-ci ont été compris et résolus. Les exemples donnés à titre indicatif permettront au lecteur de reconnaître les grandes lignes, les événements importants. Une cause de traumatisme chez l'un laissera un autre de marbre. Il faut donc, ami lecteur, garder l'esprit en éveil lorsque vous chercherez à déterminer l'origine d'un problème. La réponse risque de vous dérouter, et si vous cherchez constamment une information correspondant à vos préjugés, vous risquez encore plus de dévier de votre objectif véritable.

Peurs et phobies

L'un des phénomènes les plus courants chez l'homme, la peur, peut se transformer en phobie. Elle se caractérise par une peur irrationnelle, persistante et socialement paralysante, qui se manifeste par une réaction illogique et démesurée face à un danger (pour autant qu'il existe vraiment), déclenchée par une cause, un événement, une présence ou un environnement toujours identique.

Le feu

Il y a quelques années, je conversais tranquillement avec une jeune femme à la maison, lorsque je décidai d'allumer une cigarette. Horrifiée, elle se leva soudain et, toute tremblante, me confia qu'elle vivait dans la terreur constante du feu sous toutes ses formes. Il suffisait d'une flamme de bougie ou d'une allumette pour qu'elle se sente envahie d'un sentiment de panique, qu'elle se mette à trembler, à transpirer, jusqu'à s'enfuir, en larmes, hors de la pièce. Ce phénomène était source d'embarras et de désagrément. Cette jeune femme était bien consciente de la disproportion de sa réaction, mais ne semblait pas pouvoir se contrôler. Ni ses parents ni elle-même ne se souvenaient d'un événement susceptible d'expliquer ce traumatisme.

Nous avons découvert, au cours de la régression, que, dans sa dernière vie antérieure, restée bloquée dans une vieille ferme en bois, elle avait trouvé la mort dans un incendie. Les affirmations positives énoncées en fin de séance avaient permis de faire disparaître en grande partie ce traumatisme. La séance terminée, nous avons discuté, reconnaissant comme peu probable la répétition de telles circonstances dans sa vie actuelle et que sa réaction aussi violente envers le feu n'était donc pas justifiée. Elle admit que connaître la provenance de cette phobie lui avait rendu l'esprit plus léger, débarrassé d'un poids immense. Jamais, ajoutait-elle, elle ne s'était sentie aussi libre. Elle me demanda une boîte d'allumettes. Je manifestai quelque réticence, puis finis par la lui donner. Prenant une grande inspiration, elle en gratta une : lorsqu'elle tint l'allumette enflammée, son visage s'illumina, de soulagement. Elle craqua l'une après l'autre toutes les allumettes de la boîte : aucune réaction.

Cette phobie grave s'était guérie en un temps record. Mais toutes les peurs ne trouvent pas une solution aussi rapide.

Les serpents

J'ai connu de nombreuses personnes ayant une peur folle des serpents, venimeux ou non. La plupart les respectent prudemment, dirais-je, quoique le danger des serpents soit légèrement surévalué, aux États-Unis en tout cas : vous risquez beaucoup plus de vous faire foudroyer par un éclair que de succomber à une morsure de serpent.

J'ai dû apprendre très tôt à m'accommoder de la présence de tous ces reptiles : l'une de mes filles se passionne pour ces bestioles, et j'ai dû supporter bien d'autres animaux et insectes encore. Un minimum de bon sens m'a souvent gardée de gros problèmes lors de mes sorties en pleine nature. Je m'apprêtais, un jour, à emmener de nouveaux amis en excursion dans la nature. Nous terminions les derniers achats nécessaires; je ne prêtais pas grande attention alentour. Le jeune fils d'un de mes amis se saisit d'un objet et, courant vers son père, le lui remit. « Papa, s'écria-t-il, vas-tu avoir besoin de ceci? » L'homme hoqueta de frayeur et regarda avec horreur ce qu'il tenait en main. Je mis quelques instants à comprendre de quoi il retournait. L'enfant avait remis à son père une trousse « anti-venin », sur laquelle figurait une tête de serpent, la gueule ouverte, les crocs menaçants.

J'arrachai la trousse de ses mains, et l'entraînai loin de là, lui parlant afin de le calmer. L'effet du choc s'effaça peu à peu. Nous prîmes place dans la voiture. Il me confia qu'à son souvenir il n'avait jamais vu de serpent vivant, mais que la simple vue d'un serpent à la télévision, dans un film, un journal ou un livre avait toujours déclenché chez lui ce type de réaction. Je compris qu'il s'agissait là d'un phénomène dépassant la simple peur, comme il se plaisait à le croire. Je n'osai imaginer quelle serait sa réaction à la vue d'un serpent bien vivant, à en juger par celle qu'il avait eue devant ce dessin. Or, la région dans laquelle nous allions camper était habitée de nombreux serpents d'eau – parfaitement inoffensifs – mais aussi de serpents à sonnettes. Que ferait-il face à un serpent?

Nous avions l'intention de partir très tôt le lendemain matin. Je décidai donc de lui exposer le problème et de lui demander si, le soir même, il accepterait de se prêter à une régression. Ce qu'il fit. Il revint à une vie passée en Inde, au cours de laquelle il avait été mordu par une sorte de cobra. Il était mort dans d'affreuses souffrances.

La régression terminée, nous discutâmes des différents types de serpents qui vivaient dans la région où nous allions nous rendre. Je mis l'accent sur les précautions d'usage à prendre, lui assurai que nous aurions peu de chances de tomber sur un serpent à sonnettes, et lui montrai la trousse antivenin que nous emportions avec nous. Nous tombâmes aussi d'accord sur le fait que peu de morsures de serpents se révèlent mortelles; tant et si bien qu'il put regarder la photo d'un serpent sans que cela ne provoque chez lui de réaction notable.

J'eus le sentiment qu'il avait triomphé de sa terreur lorsque, quelques jours plus tard, il se trouva à quelques mètres d'une petite couleuvre : il se contenta de frissonner en disant : « Quelle créature affreuse et gluante! » Puis se tournant vers moi, il ajouta : « Au moins, je ne suis plus dans tous mes états. Mais ne vous attendez pas à ce que j'en fasse mon animal favori! »

J'ai également connu une jeune femme d'un courage et d'une volonté exemplaires : elle devait se battre chaque jour, pour survivre – au sens propre du terme – dans un collège situé dans un ghetto; elle avait décidé qu'elle y apprendrait à lire aux élèves. Pour ma part, je ne crois pas que j'aurais pu affronter quotidiennement ce danger d'agression physique, surtout dans ces conditions : meubles fracassés autour d'elle, nécessité de garder en permanence sur elle un manche de hache pour se protéger dans les couloirs ou les parkings! Rien ne semblait pouvoir l'effrayer, excepté la vue d'un serpent ou de ce qui y ressemblait. Elle s'effondrait alors brutalement, totalement hystérique, blême et tremblante.

Au cours d'une régression, elle se souvint d'une vie passée dans une hutte primitive sur une île marécageuse. Alors qu'elle n'était encore qu'une enfant, elle avait été mordue à maintes reprises par un énorme serpent venimeux. Elle avait connu une mort solitaire, extrêmement douloureuse et effrayante. Revivre cette expérience avait été éprouvant pour elle, mais le soulagement qu'elle en tira fut impressionnant. Sa peur des serpents devint un simple – et prudent – respect pour ces animaux.

Il y a aussi le cas d'une de mes âmes-amies, que rien n'effraie, à part les serpents. Il a accepté toutes les situations possibles au cours de nombreuses régressions – tout, sauf ce qui, de près ou de loin, touche à cette peur. Il affirme : « Je ne veux pas ne PAS avoir peur des serpents. » Ce qui, vous vous en doutez, pique au vif ma curiosité !

La peur des médecins

J'ai eu l'occasion de travailler avec une jeune femme qui manifestait une peur vraiment extraordinaire des médecins, des laboratoires ou d'un environnement hospitalier, quel qu'il soit. Cela lui avait causé de nombreux problèmes et avait été à l'origine de plusieurs épisodes embarrassants et traumatisants. Elle avait même refusé plusieurs offres d'emploi extrêmement intéressantes, parce qu'on lui avait demandé de subir une visite médicale. Elle était passionnément amoureuse d'un jeune homme, mais la simple pensée de devoir subir une prise de sang lui faisait hésiter à accepter sa proposition de mariage. Et il fallait aussi envisager le problème d'avoir des enfants.

Elle ne m'avait pas parlé de tout cela lors de sa première régression. Au cours de l'expérience, elle passa en revue une vie antérieure, puis passa à une autre. Elle eut immédiatement la sensation de fils de fer barbelés, de wagons à bestiaux. Elle voulut, sans plus attendre, mettre fin à la séance, sans donner de plus amples explications. Quelques jours plus tard, au cours d'une autre séance, elle s'approcha à nouveau de cette vie. Elle la balaya d'un trait, prétendant qu'elle était morte très jeune, et passa à une autre vie. Je lui demandai, une fois la séance finie, de me parler de cet incident. Elle répliqua que quelque chose d'affreux était survenu au cours de cette vie, et qu'elle ne voulait pas s'en souvenir. Puis, elle se mit soudain à parler de sa peur des médecins et des hôpitaux. Je lui expliquai qu'il fallait sans doute chercher les racines de ces angoisses dans la vie qu'elle esquivait. Si elle acceptait de laisser ses souvenirs affluer, elle trouverait sans doute beaucoup plus facile de dominer sa peur. Le handicap deviendrait moins lourd. Il lui fallut plusieurs jours pour réfléchir, puis elle revint en disant qu'elle voulait évoquer ses souvenirs, puisque, après tout, il ne s'agissait que du passé.

J'abordai cette régression avec le plus grand soin, répétant fréquemment les phrases destinées à lui faire garder du recul par rapport à la situation. Il en ressortit la plus épouvantable, la plus révoltante, la plus horrifiante histoire qu'il m'ait jamais été donné d'entendre. Rien qu'en l'écoutant, je pouvais visualiser les événements à mesure de leur déroulement. Elle avait été une jeune fille juive, à peine pubère, lors de la Seconde Guerre mondiale. Enlevée à sa famille, elle avait été enfermée dans un camp de concentration et soumise à des expériences médicales. Elle avait été traitée de la manière la plus inhumaine et la plus vile; on avait abusé d'elle, on l'avait mutilée, exposée et tournée en ridicule. Pour quiconque, cette expérience se serait révélée horrible; mais ce fut pire encore, étant donné qu'il s'agissait d'une jeune fille sensible, très vulnérable sur le plan émotionnel. Elle essayait déjà de surmonter ses états d'âme (normaux à cet âge), avait été arrachée à sa famille, à son foyer. Tout cela provoqua une réaction parfaitement dévastatrice et elle accueillit la mort comme une délivrance.

Cette régression lui permit de se libérer d'une bonne partie du traumatisme accumulé au cours de cette vie, de concevoir aussi une rage justifiée contre les fanatiques qui s'étaient comportés de la sorte envers elle. Elle était maintenant décidée à ne pas laisser d'autres personnes gâcher une de ses autres vies. La dernière fois que j'ai eu de ses nouvelles, elle était mariée et attendait avec impatience la naissance de son premier enfant.

Cas divers

Problème avec l'alcool

Au cours de mes études, j'ai traité deux histoires d'alcooliques. Les personnages concernés n'avaient, entre eux, aucun lien. Ils avaient vécu dans deux pays différents, et avaient été traités par deux hypnothérapeutes, à quelques années d'écart. Pourquoi ai-je rapproché ces deux cas dans ma mémoire? Parce que tous deux avaient fait une régression, l'un volontairement, l'autre sans l'avoir cherchée, et que tous deux avaient trouvé des raisons identiques à leur problème d'alcoolisme. J'avais pratiqué d'autres régressions avec des alcooliques, sans penser à cet épisode précis. Jamais je n'avais connu un problème semblable à celui-là. Quelques années plus tard, je fus très surprise de voir que ce schéma que je connaissais déjà ressortait de la régression d'un homme que je venais de rencontrer. Il revécut sa vie en tant que très jeune soldat confédéré. Il avait très peur, voulait fuir le fracas de la bataille, le sang, les combats et effacer tout cela de son esprit.

Au cours des derniers jours de la guerre de Sécession, il fut gravement blessé. Aucune aide médicale ne pouvait lui être apportée, mais l'un de ses compagnons avait avec lui un fond de whisky. Cela suffit à atténuer momentanément sa douleur. Le jeune homme connut une agonie de deux jours pendant lesquels l'alcool lui manqua pour combattre la douleur et effacer l'horreur qui l'entourait.

À la fin de la régression, l'homme éclata en sanglots, me disant qu'il ne pouvait se souvenir d'un seul moment de sa vie au cours duquel il n'avait pas ressenti le besoin impérieux de boire de l'alcool. Il avait essayé différents traitements, était entré en contact avec différents groupes, mais le réconfort n'était que passager. Il avait maintenant le sentiment d'être en possession d'informations solides, à partir desquelles il pourrait travailler. Durant d'autres régressions, nous avons découvert qu'au cours d'une autre vie qui avait précédé celle où il était soldat durant la guerre civile, il avait noyé ses problèmes dans l'alcool. (Des conflits solidement ancrés, des peurs profondément enracinées trouvent parfois leur origine en amont de plusieurs vies antérieures.) M'étant assurée que ces deux vies antérieures étaient les seules au cours desquelles l'alcool avait joué un rôle important, je transformai les formules positives de fin de séance en disant : « Vous emporterez avec vous la connaissance qui vous est bénéfique, en comprenant, à tous les niveaux, pourquoi vous avez cet impérieux besoin de boire. Vous laisserez derrière vous, et à tous les niveaux, le désir et le besoin d'alcool. »

Des mois durant, je n'entendis plus parler de lui. Un jour il me téléphona pour me faire part de ses progrès. Son besoin d'alcool débarrassé de raison d'être par la connaissance de son origine avait quasiment disparu. Il put ainsi contrôler sa pulsion, qui se dissipa peu à peu. Il assistait à certaines réunions, où refuser un verre aurait paru étrange; il savait maintenant n'en prendre qu'un et le faire durer toute la soirée, sans éprouver le désir d'en avaler un autre. Et ainsi jusqu'à la fin de ses jours. Bien sûr, cette méthode ne constitue pas la panacée pour tous les problèmes de drogue ou d'alcoolisme. Mais pour ceux qui cherchent de l'aide, cette solution vaut la peine d'être envisagée. Une information peut en surgir et déboucher sur des traitements plus conventionnels.

Une pulsion inhabituelle

Il y a longtemps, j'eus affaire à un monsieur qui avait une manie bien étrange : il achetait des manteaux. Il possédait, à l'époque, des armoires entières de manteaux, et il était rare de le voir, quelle que soit la saison, sans un veston, ou sans un manteau sur les épaules ou sur le bras. Il ne se passait pas de mois, voire de semaines, sans qu'il ne montrât ses nouvelles acquisitions. Il lui arrivait d'entrer dans un magasin, sachant exactement ce qu'il voulait. Il lui suffisait de voir le rayon des manteaux pour qu'il s'y dirigeât directement. Bien sûr, dans le nord du pays, cela n'aurait sans doute pas semblé extraordinaire, mais ce monsieur habitait dans une partie du Texas où, mis à part quelques jours froids en hiver, un veston léger suffit amplement.

La plupart de ses voyages le conduisaient vers le sud, au Mexique ou en Amérique du Sud : plus il faisait chaud, mieux cela valait! Ce n'est qu'au cœur de l'été que je l'ai vu s'aventurer au nord de la Red River. Et encore était-il vêtu comme un esquimau sortant de son igloo. Ce comportement ne cessait de nous étonner, mon mari et moi, car, en dehors de cette pulsion, cet homme avait un esprit analytique, logique et ne semblait pas s'intéresser aux biens matériels pour eux-mêmes. S'il avait eu le choix entre dépenser ses derniers dollars à l'achat de nourriture ou d'un manteau, il n'aurait pas hésité un instant, optant pour le manteau!

Tout devint clair au cours d'une régression : il avait vécu l'une de ses vies dans le Grand Nord et avait souffert du froid durant toute sa vie. Il s'était finalement trouvé dans une situation désespérée, où, sur le point de succomber à la température glaciale, il s'était juré que, s'il arrivait à survivre, il n'aurait plus jamais froid... Il était mort avec cette pensée en tête et a passé cette vie-ci à essayer de tenir sa promesse. Sa garde-robe comporte toujours des manteaux, mais il est en mesure de ressortir d'un magasin avec ce qu'il avait prévu d'acheter (enfin, presque toujours). Il conserve toujours plusieurs manteaux bien chauds, au cas où...

Une histoire de cravates

Deux personnes de nos amis, un homme et une femme, partageaient la même aversion pour tout ce qui touchait leur cou : jamais ils ne portaient de chemises ou de chemisiers boutonnés jusqu'en haut, ni de cols roulés, ni de foulards; pour le monsieur, la simple idée de porter une cravate lui donnait la sensation de se trouver face à un peloton d'exécution! La moindre pression sur le cou leur donnait des nausées et les faisait s'étrangler. Dans les deux cas, les régressions ont révélé qu'ils sont tous deux morts par pendaison.

Je ne connais pas les résultats à long terme de la régression de notre ami, mais je connais la suite de l'histoire de la dame. Elle continue à ne pas porter de tricots à col roulé, mais elle a maintenant appris à supporter un foulard noué souplement autour du cou, au cours d'excursions dans la nature.

Damné cheval!

Ayant grandi au milieu des chevaux, j'ai fait de l'équitation à chaque occasion. Il ne m'aurait pas effleuré l'esprit que l'homme que j'allais épouser détestait les chevaux, ce que je découvris trop tard! Lorsque l'incident se produisit, nous étions mariés depuis quinze ans. Jusqu'alors nous avions vécu en ville : la question ne s'était donc jamais posée. Puis nous avons déménagé à la campagne. Lorsque nos voisins achetèrent des chevaux, je fus vraiment ravie. J'observai avec fierté, amusement – et un petit pincement au cœur – notre fille de cinq ans se glisser de l'autre côté de la route et attirer les chevaux près de la clôture avec des friandises. Elle avait l'habitude de grimper sur la barrière et, se tenant en équilibre sur le poteau, enfourchait son étalon favori, le montant à cru tout autour de l'enclos, avant de revenir jusqu'à son point de départ et descendre de sa monture.

Je ne lui dis pas que je connaissais son petit manège – pourquoi lui gâcher une partie de son plaisir? J'encourageai mes deux filles à se lier avec le cheval de nos voisins. Chaque après-midi, nous le voyions regarder par chez nous, tendant le cou, quêtant des caresses et les poignées d'herbe qu'il aimait. Nous étions justement en sa compagnie lorsque mon mari revint à la maison, un soir. Je lui fis signe de nous rejoindre. Sa réaction me surprit au plus haut point : il ne voulut pas s'approcher du cheval, nous ordonnant d'en faire autant. Voulant lui prouver combien ces chevaux étaient inoffensifs, je lui racontai les chevauchées secrètes de notre fille de cinq ans. Il rétorqua alors : « Les chevaux sont méchants, ont des réactions imprévisibles et on ne peut leur faire confiance. Tiens-toi loin d'eux. D'ailleurs, il faudrait tous les abattre! »

Je n'en revenais pas. Était-ce l'homme qui avait nourri à la main un petit oiseau tombé de son nid, jusqu'à ce qu'il puisse voler de ses propres ailes? Le même qui ramenait à la maison chatons errants et chiens perdus, qui avait sauvé un bébé lapin de la gueule d'un chien, et même un bébé putois orphelin? Était-ce celui qui avait transformé notre propriété en ménagerie... qui se mettait à haïr les chevaux?

Je lui demandai s'il avait eu une expérience malheureuse dans son enfance avec un cheval. Il répondit que non. « Je hais les chevaux, et ils me haïssent aussi », répliqua-t-il.

La raison de cette phobie nous apparut beaucoup plus tard. Un soir, au cours d'une régression, il se souvint d'une vie antérieure au cours de laquelle il avait été poursuivi par un groupe d'hommes à cheval. Il était sur le point de leur échapper lorsque son cheval trébucha, le jeta par-dessus la selle, et s'enfuit. Les hommes s'emparèrent de lui et le pendirent sur-le-champ, pour un forfait qu'il n'avait pas commis. Il mourut en détestant et en maudissant ce cheval.

Il lui fallut un certain temps de réflexion. Récemment, il m'a demandé s'il y avait un endroit aux alentours où nous pourrions louer des chevaux, car il souhaitait, dit-il, apprendre à monter.

Spécial féministe

Vous ne trouverez pas toujours dans une vie antérieure la raison d'une attitude actuelle, mais il se peut que vous arriviez à résoudre toutefois un conflit. L'un de nos proches amis prend toujours un air et une attitude très « macho ». Lorsque nous nous sommes rencontrés, il agissait avec les femmes comme les « hommes galants du Sud ». Mais il lui arrivait aussi de se comporter avec elles de la façon la plus odieuse.

Un jour, nous pratiquions des régressions entre nous. Cet ami nous dit qu'il n'avait rien de particulier en tête et que nous pouvions le diriger à notre gré. Je savais le moment venu. Je lui suggérai de revenir dans une vie au cours de laquelle il avait été une femme, une épouse et une mère de préférence. Nous découvrîmes le pot aux roses!

Il avait été une jeune femme très intelligente et fort bien élevée, qui s'était retrouvée dans le rôle d'une femme de pionnier, à la tête d'une maisonnée pleine d'enfants. Je le laissai goûter à nouveau aux joies les plus diverses : les soins aux nouveau-nés dans des conditions précaires, la grossesse, l'accouchement, la corvée de la préparation des repas quotidiens, la lessive, les efforts nécessités par la vie avec un mari grincheux, exigeant, et ne remarquant même pas son travail. En quelque sorte, les joies de la survie à l'époque! Il se souvint de ce que signifiait le fait d'être considéré comme un citoyen de deuxième ordre, sans droits ou presque, simplement parce qu'il était une femme.

Ce fut une véritable révélation pour lui. Je pense que, s'il revient dans une prochaine vie sous les traits d'une femme, il sera un ardent défenseur de la ligue féministe.

Frictions en famille

Dans une famille très unie, un jeune garçon, trouvait ses conflits continuels avec son grand-père pour le moins étonnants. Ils s'aimaient tendrement, déploraient d'être séparés l'un de l'autre si cela arrivait, mais ne pouvaient se supporter lorsqu'ils étaient réunis. La situation n'avait guère évolué depuis sa naissance.

Aussi loin qu'il puisse s'en souvenir, ce garçon acceptait mal toute instruction, tout conseil, tout commentaire venant de son grand-père. Il lui reprochait de ne pas le considérer comme un adulte. Quant au grand-père, il réagissait violemment à toute remarque émise par son petit-fils, qu'il accusait de vouloir réglementer sa vie et tout savoir. Lorsqu'ils étaient ensemble, l'atmosphère était pour le moins tendue. Chacun attendait que l'autre ouvrît les hostilités. Or, aucun des deux ne réagissait de cette manière dans une situation similaire, hors la présence de l'autre.

Les informations obtenues grâce à la régression permirent d'apprendre que le garçon avait été le père de son grand-père actuel. Il avait, en quelque sorte, été son propre arrière-grand-père. Ce dernier était mort quelques années avant la naissance du petit garçon et, sa vie durant, s'était montré très strict et exigeant, critiquant sans cesse son fils, le rendant ainsi peu sûr de lui et mal à l'aise. Il exigeait qu'on lui témoignât un respect et une obéissance absolus. L'âge ne l'avait pas rendu plus tendre.

Le fils (le grand-père) en avait voulu toute sa vie à son père, mais l'aimait et voulait lui plaire, ou du moins obtenir son approbation. Ses sentiments avaient parfois frôlé la haine. À de nombreuses reprises, le fils avait entrepris de se lancer dans diverses aventures. Le père s'en était toujours mêlé, si bien que le fils avait perdu toute confiance en lui-même et avait toujours échoué.

Quoi d'étonnant à ce qu'il y eût des frictions entre ces deux personnes? Le petit-fils voulait que son grand-père le traitât avec le même respect que celui qu'il avait demandé à son père. Le grand-père avait instinctivement reconnu la personnalité dominatrice de son père en son petit-fils et avait réagi en conséquence.

La clef de cette situation apporta une grande amélioration. Les croyances du grand-père faisaient qu'il était impossible de lui communiquer une telle information; mais les parents de l'enfant comprirent ces révélations et surent en tirer parti. Ils surent aider l'enfant à modifier son comportement à l'égard de son grand-père et amener celui-ci à tempérer ses propres frustration et amertume. Leurs relations ne sont pas encore idéales, mais grand-père et petit-fils peuvent passer désormais une journée ensemble sans drame.

Le suicide

Le suicide est un sujet complexe dont tous les aspects ne peuvent être abordés dans un ouvrage comme celui-ci. Loin d'en détenir toutes les clés, je me propose plus modestement de vous en parler en mon nom et au titre de ma propre expérience.

Le suicide, phénomène difficile à cataloguer, ne peut être jugé en termes de bien ou de mal, de juste ou de faux. Rien n'est jamais ni tout blanc ni tout noir. Le gris lui aussi existe, avec une infinité de tonalités. Motivations et circonstances jouent un rôle considérable du point de vue karmique. Il y a un clivage énorme entre celui qui se suicide par sacrifice, afin d'en sauver d'autres de la mort, de la trahison ou de la misère, et celui qui se suicide pour échapper à des problèmes émotionnels ou à la douleur. Là encore, à moins que n'ayez vous-même fait l'expérience de la détresse dans laquelle l'esprit humain est capable de s'abîmer – cette douleur émotionnelle sans contrepartie sur le plan physique –, comment juger? La solitude est parfois si profonde que la vie semble vraiment n'avoir plus aucun sens; vous vous sentez si désemparé, si désespéré, que nul endroit ne semble propice à vous offrir refuge, nul moyen capable de communiquer votre douleur; vous n'avez d'ailleurs même pas envie de chercher de l'aide. Il y a un moment où vous vous promettez, devant l'intensité de la douleur, que jamais, plus jamais vous ne souffrirez, que plus jamais vous ne connaîtrez une pareille douleur. Cela vous procure un sentiment de calme. C'est alors que vous prenez la décision de vous suicider, afin d'éviter que la douleur ne revienne. C'est la décision de faire quelque chose pour stopper la souffrance qui ramène le calme, et non pas la décision de mourir en soi. La mort contient une fausse promesse d'anéantissement, de fin des problèmes. Mais les problèmes, la douleur sont encore là après la mort, dans la prochaine vie et dans celle qui suivra encore... jusqu'à ce que vous compreniez qu'il n'y a pas d'endroit où vous réfugier. Le seul moyen d'y échapper est la décision de ne plus souffrir, de vivre, d'accepter que personne ni rien ne vaut la peine que vous accumuliez autant de douleur et de misère dans votre vie.

Si vous soupçonnez quelqu'un de votre entourage d'avoir des pensées suicidaires, ne craignez pas de lui poser la question et de l'écouter. Faites fi des platitudes. Si vous n'êtes pas passé par cette expérience, vous ne pouvez pas vraiment comprendre ce qu'il ressent. Faites-lui savoir que vous l'aimez, qu'il compte pour vous, que vous l'aiderez dans toute la mesure de vos moyens. N'hésitez pas à en parler autour de vous, à ceux de ses proches et amis, capables de lui prêter une aide efficace. Si vous parvenez à l'intéresser à la régression, ce n'en sera que mieux. Il pourrait y trouver les réponses aux questions qu'il se pose. Le changement passera peut-être par l'incroyable expérience de la survie après la mort, de la loi de la relation entre cause et effet.

Nous avons partagé pendant vingt-deux ans une merveilleuse amitié avec un homme. Je l'appellerai Jim. Celui-ci était remarquablement intelligent, tendre, avec une personnalité généreuse et douce. Il parlait couramment plusieurs langues et transformait en or tout ce qu'il touchait. Il aimait bien vivre, et était l'un des êtres les moins égoïstes que je connaisse. A priori, il semblait que sa vie fût comblée. Pourtant, hélas, il n'en était rien.

Jim, d'une grande sensibilité, un peu naïf, s'attendait toujours à ce que tout le monde soit aussi honnête que lui, et lorsque ce n'était pas le cas, il avait le sentiment que la faute lui en incombait. Ce n'est qu'après des années de souffrance, de moments de stupéfaction, de trahison, qu'il commença à adopter une attitude plus réaliste à propos des gens, bien qu'à mon avis, en son for intérieur, il n'ait jamais perdu son idéalisme.

Jim avait commis une grosse erreur : il avait laissé les autres (ses parents, en particulier) définir pour lui son propre sentiment d'estime et l'image qu'il se faisait de lui-même. Quelle que soit sa réussite, scolaire, universitaire, ou professionnelle – et sa réussite était remarquable –, jamais il ne reçut le moindre compliment de ses parents. S'il obtenait 19 à un examen, la seule chose qu'il s'entendait dire était : « Et pourquoi pas 20? » Même s'il obtenait 20, on ne le félicitait pas : on n'en attendait pas moins de lui. Jim ne voulait pas d'éloges. En fait, il voulait être aimé. Il devait y avoir quelque part au fond de lui un défaut caché tel que ses parents ne paraissaient pas s'intéresser particulièrement à lui. Le problème était que Jim n'avait pas appris à s'aimer lui-même. De plus, il souffrait d'un problème physique qui le rendait obèse.

À l'âge de vingt ans, Jim, souvent déprimé, avait des pensées suicidaires. Nous parlions souvent ensemble et je me sentais désemparée, à cause de mon jeune âge et de mon inexpérience dans ce domaine. Jim ne croyait pas non plus en un Être suprême, ou en quoi que ce soit après la mort. Mes convictions religieuses de l'époque ne nous permettaient pas de trouver un terrain d'entente. Lorsqu'il eut atteint la trentaine, ce schéma de douleur et de désenchantement s'intensifia. Il voulait que sa misère cesse. Il tenta par deux fois de mettre fin à ses jours. À chacune de ses tentatives, ayant pressenti ce qui se passait, j'étais arrivée à temps pour lui venir en aide. Une partie de moi-même le comprenait et éprouvait de la compassion à son égard. Pourtant, à l'époque, je commençais à croire en la réincarnation et à pratiquer les régressions; grâce à quoi Jim finit par comprendre que la mort ne mettrait pas un terme à quoi que ce soit. Il trouva dans ses vies passées l'origine de certains de ses problèmes et découvrit aussi qu'il avait déjà utilisé le suicide à diverses reprises pour échapper à ses soucis. Il décida de résoudre autant de problèmes qu'il le pouvait et d'apprendre à vivre avec les autres. Il commença de s'aimer un peu plus, d'apprendre à accepter le fait que, parmi nous, certains l'aimaient vraiment et le respectaient. Dans des circonstances extrêmement difficiles, il fit tous les efforts possibles. Au cours des dernières années de sa vie, alors qu'il semblait que le monde entier s'écroulait sur lui, il tint bon et conserva sa nature douce et aimante.

Lorsqu'il tomba malade et se rendit compte qu'il ne se relèverait pas, il nous téléphona et nous parla sans jamais nous laisser soupçonner la gravité de sa maladie. Nous ne nous doutâmes pas un instant qu'il était alité. Lorsque nous apprîmes plus tard qu'il était mourant, il fit encore une dernière chose, parfaitement généreuse, et caractéristique chez lui : il ne voulut pas que nous soyons avertis de son état, pour ne pas déranger nos plans de vacances.

La vie de Jim ne fut jamais facile, mais il s'arrangea toujours pour résoudre bon nombre de problèmes, auxquels il n'aura plus à être confronté dans l'avenir. Il s'est ainsi libéré du cycle des suicides.

C'était un minuscule village où une âme amie et moi vivions. Nous étions nés pratiquement à la même époque et avions, dès la plus tendre enfance, ressenti de grandes affinités, en raison de nombreuses vies antérieures passées ensemble. Bien qu'étant moi une femme et lui un homme, nous avions refusé les rôles traditionnels. Il y avait fort peu de chose que nous ne partagions. Il était donc inévitable que nous nous mariions. Nous étions unis depuis très peu de temps, quand une horde d'Indiens hostiles dévasta notre village, laissant derrière eux un carnage. Mon mari fut mortellement blessé, mais je parvins à le mettre en sécurité et le gardai dans mes bras jusqu'à ce qu'il expire. Je ne pouvais imaginer ma vie sans lui. Je ne voulais même pas penser à l'avenir, ni même que d'autres pouvaient avoir besoin de moi. Je voulais simplement le suivre, où il était allé. Je pris son couteau et me tuai.

Il est difficile de trouver les mots pour décrire ce qui suivit. Il me semblait que nous étions encore dans nos montagnes bien-aimées. Il se tenait devant moi, disparaissant juste au coin du canyon ou au sommet de la falaise. Je l'appelais, mais il ne semblait pas m'entendre. Je courais aussi vite qu'il m'était possible, mais ne réussissais pas à le rattraper. Ma solitude et ma détresse étaient indescriptibles. Impossible de prendre la mesure du temps. Une éternité me semblait s'être écoulée. Je décidai alors de m'arrêter et de réfléchir. Lorsque sa silhouette s'arrêta à son tour, je m'aperçus que j'avais poursuivi une illusion. Je compris alors que je n'avais pas le droit de m'ôter la vie.

Dans une vie suivante, notre relation reprit, mais un jour chacun dut prendre des chemins séparés. Douleur et désespoir s'installèrent à nouveau en moi. Je me surpris à penser que jamais plus je ne pourrais trouver de joie, dans ma vie, et que continuer à vivre était simplement trop douloureux. Dans l'instant de calme qui s'ensuivit, je me rendis compte que rien ne valait le prix d'un suicide. Tant que je dépendrais d'un autre pour devenir un être complet, je serais incomplète; tout bonheur serait fragile et passager. Je décidai de vivre et de concentrer mon énergie sur les expériences prochaines de mon actuelle incarnation plutôt que sur les pleurs et les regrets. Je devins un individu complet, épanoui et acquis un but dans la vie. J'en retirai une joie durable, un amour qui n'était pas bâti sur les besoins ou la dépendance : plus jamais je n'eus mal à la perspective d'être séparée de ceux que j'aimais le plus.

Amitié et antagonismes

Nous avons retrouvé, mon mari et moi, un ami connu déjà dans des vies antérieures. Des liens très forts nous unissaient. Il devint immédiatement un nouveau membre de la famille. Ensemble, nous arpentâmes les voies spirituelles et psychiques, prenant les mêmes raccourcis. Un jour, il plongea dans une situation, pour sauver ma vie en risquant la sienne. À d'autres moments, il se repliait sur lui-même, me manifestant, et à moi seule, une incroyable hostilité.

Quand je réussis enfin à obtenir quelque explication, il m'avoua que, de temps à autre, il ressentait une profonde méfiance et une grande colère à mon égard, incompréhensible pour lui. Nous convînmes alors de chercher ensemble l'origine de ce conflit.

Nous trouvâmes la réponse, dans une vie antérieure où nous étions cousins. Mon père, un petit chef de clan, régnait sur une poignée de nomades, et mon ami était le fils de son frère préféré. Durant notre enfance, nous étions très proches, mais en grandissant, il apparut aux yeux de mon père comme le fils idéal. Je ne réussissais jamais rien aussi bien que lui, et bien que mon père nous félicitât tous les deux, je gardais la conviction qu'il le préférait à moi. Je devins de plus en plus jaloux, rancunier, inquiet à l'idée qu'il usurpe ma place. Je dissimulai mes sentiments avec soin, attendis le moment propice, et un jour où nous étions loin des autres, je le saisis, l'attachai et l'étouffai. Je ne pus me résoudre à le tuer vraiment. Je le laissai mourir dans un ravin. Puis, trouvant plus tard son squelette, j'en dispersai les os, en jubilant.

Il demeura absolument stupéfait devant la noirceur de mes actes, lui qui, jusque-là, croyait avoir affaire à une de ses plus chères amies. Il ne parvenait pas à comprendre les raisons de ma cruauté envers lui.

Après avoir exploré cette vie-là ensemble, discuté des émotions qu'elle avait générées en nous, nous évoquâmes d'autres existences plus positives au cours desquelles aucun antagonisme ne nous avait dressés l'un contre l'autre. Il nous fallut un long moment pour comprendre la raison pour laquelle ces sentiments avaient ressurgi de notre vie actuelle. La réponse, nous la découvrîmes dans nos cours d'arts martiaux : nous nous opposions souvent dans les combats. Cela avait apparemment réveillé de vieux souvenirs de luttes enfantines, de bagarres, de violence révolues. Lorsque nous eûmes compris l'origine du conflit, il disparut de lui-même et la confiance se rétablit.

Un autre cas encore : celui de deux couples qui se rencontrèrent et se lièrent d'amitié. Après quelques mois, Betty commença à s'opposer violemment à Nina qui ne pouvait se souvenir d'aucun incident, ou problème qui les aurait divisées. Même en questionnant Betty directement, Nina n'apprit rien de plus : elle n'avait apparemment rien dit ni fait pour dresser contre elle son amie. Betty vit sa haine croître. Bientôt vindicative, elle tint des propos d'une rare violence à son égard. Pourtant les sentiments de Nina n'évoluaient nullement dans ce sens. Elle fit tout ce qu'elle put, au contraire, pour améliorer la situation. En vain. Finalement, elle se rendit compte que la seule solution consistait à éviter son amie, ce qui la troubla énormément. Elle garda cet échec très présent à l'esprit.

Au cours d'une régression, quelque temps plus tard, Nina revécut une vie au cours de laquelle Betty et son mari actuel, Charles, était déjà époux. Charles avait épousé Betty pour sa position sociale et sa fortune. Il possédait de nombreux biens qu'il désirait accroître et jouait au petit chef, régnant en dictateur sur ses terres. Betty était légèrement plus âgée que lui.

Charles ne manquait pas une seule occasion de le lui rappeler. Jusqu'au jour où, après de longues années de mariage, Charles tomba amoureux de Nina, une ravissante jeune veuve qui habitait avec son fils dans un village voisin. Charles obligea Nina à devenir sa maîtresse, en prenant son fils en otage. Il força Nina et Betty à vivre sous le même toit, à prendre ensemble leurs repas. Il se vanta de sa liaison, causant beaucoup de peine à Betty, laquelle en conçut de la haine envers Nina, la tenant pour responsable de l'infidélité de son mari. Nina, elle, comprit la révolte de Betty et éprouva beaucoup de compassion à son égard.

Les informations tirées de la régression aidèrent Nina à comprendre l'animosité de Betty. Celle-ci décida de ne pas en tenir compte et continua d'alimenter ses sentiments négatifs. Nina, sachant qu'elle avait fait tout son possible, décida de laisser les choses suivre leurs cours et de s'éloigner, sans développer pour autant un sentiment de culpabilité.

Une lesbienne comprend

Une femme d'âge moyen vint me consulter à propos d'une relation homosexuelle qu'elle entretenait depuis de longues années, et où elle jouait le rôle dominant. La relation s'était soudain envenimée. Cette femme s'était mise à ressentir un trouble, une sorte de confusion dans ses sentiments; son homosexualité la désorientait.

Au cours d'une séance fort longue, elle se rendit compte qu'elle avait vécu plusieurs de ses dernières vies sous les traits d'un homme très machiste. Dans chacune de ses incarnations, elle avait rencontré une culture reléguant les femmes à l'arrière-plan, à peine considérées comme des humains. Tout caractère de masculinité était honoré, admiré et recherché. Dans sa vie actuelle, elle avait dû subir un père à la personnalité très marquée, qui les traitait, sa mère et elle, comme des esclaves, ou peu s'en fallait. Son frère, en revanche, avait droit à toute la considération.

Elle comprenait parfaitement les mécanismes de son enfance, facteurs de cette attitude machiste, dont, au demeurant, elle avait déjà hérité de ses vies antérieures. En toute logique, elle avait voulu rejeter sa propre féminité. Nous nous perdîmes en conjectures sur les raisons qui avaient déclenché son malaise.

Elle avait envie, disait-elle, d'explorer sa féminité, de développer une attitude plus équilibrée, d'avoir des amis du sexe opposé, ne fût-ce que pour se prouver à elle-même que tous n'étaient pas aussi dominateurs. Dans la mesure du possible, elle avait jusqu'alors évité tout contact avec les hommes : par peur d'être dominée et avilie.

Comme c'est souvent le cas, je n'en entendis plus parler pendant des années. Un jour, tandis que je faisais des emplettes, une très jolie femme s'approcha de moi : « Vous ne me reconnaissez pas, n'est-ce pas ? » Et jusqu'à ce qu'elle décline son identité, je ne la reconnus pas en effet. Elle me dit combien avait été difficile pour elle, effrayante même, la décision qu'elle avait prise, un jour, d'être une femme à part entière. Elle s'était montrée féminine, avait commencé à évoluer dans des cercles sociaux où elle pouvait rencontrer des hommes aussi bien que des femmes. Son attitude envers les femmes, me confia-t-elle, s'était révélée tout aussi artificielle que son regard sur la vie. Elle rencontrait avec autant de plaisir des hommes comme des femmes, avec un même respect à leur égard. Être une femme lui semblait agréable, dès lors qu'il ne s'agissait plus seulement d'être servile et faible. Elle avait fait la connaissance d'un homme charmant, dont elle était tombée amoureuse et qu'elle avait épousé. Depuis cette époque, sa relation hétérosexuelle la comblait de bonheur.

Ne voyez pas ici un commentaire, moral ou autre, sur la communauté homosexuelle : il ne s'agit que de l'histoire d'un être humain et de la raison de ses actes.

Racisme et préjugés

J'ai récemment rencontré une charmante femme, très b.c.b.g., élevée dans le Sud. Très cultivée, d'une très bonne éducation, elle se montrait aussi Bigote, avec un B majuscule! Elle n'avait jamais consenti à fréquenter des Noirs, et le fait de me savoir amie avec nombre d'entre eux l'avait étonnée et quelque peu dérangée : pour elle, une peau foncée était synonyme d'ignorance, d'infériorité, de pauvreté et de saleté. Les mots qu'elle employait pour évoquer ce sujet me mettaient dans l'embarras et l'affliction, sinon la colère.

Un jour, elle accepta de se prêter à une séance de régression. Elle revécut une vie assez mondaine. Puis je la dirigeai vers une autre. Lorsque je lui demandai de regarder ses pieds, une expression étrange traversa son visage. Sa voix s'affaiblit toujours plus, tandis qu'elle décrivait son apparence. Elle avait été un membre d'une tribu primitive au cœur de l'Afrique, et très noire de peau. Après qu'elle se fut remise du premier choc causé par la vue de sa peau noire, elle s'impliqua énormément dans les joies et les peines, qui sont événements quotidiens de cette vie. À la fin de la séance, elle demeura un long moment silencieuse et ne montra guère d'enthousiasme à l'idée de parler de son expérience. Je ne l'y forçai pas, sachant qu'il lui faudrait un long temps de réflexion.

Les semaines s'écoulèrent sans qu'elle n'y fasse jamais

allusion, mais je remarquais que son vocabulaire n'était plus aussi agressif. Je devais me rendre en déplacement pour un court voyage d'affaires, et lui demandai si elle voulait m'accompagner. Elle se montra ravie, car l'une des personnes que je devais rencontrer était fort connue. Nous ignorions alors l'une comme l'autre qu'il serait accompagné d'un ami. Cet ami était grand, musclé et plein de talent. Mais cet homme remarquable, charmant, au regard fier, se trouvait aussi avoir la peau très noire et des traits négroïdes indubitables.

Les présentations faites, elle se retrouva seule avec lui dans une pièce adjacente, tandis que je menais mes affaires. Je m'amusai beaucoup à les regarder en coin. Je les voyais assis sur un sofa, discutant de manière animée. Lors de notre retour à la maison, elle s'exclama : « C'est une des personnes les plus charmantes et intéressantes qu'il m'ait été donné de rencontrer. » Je fis une petite grimace éloquente, tandis qu'elle rougissait. « J'ai tiré les leçons de cette régression, me dit-elle, et aujourd'hui j'en ai appris plus encore. Nous sommes tous des individus. On ne peut porter de jugement hâtif, en se basant simplement sur la race. »

Le revers de la médaille

J'étais en train de diriger, en dehors de la ville, un séminaire sur le développement de l'esprit. Parmi les nombreux participants se tenait un jeune homme noir, très cultivé, qui avait beaucoup voyagé. Ce que j'enseignais semblait l'intéresser beaucoup. À l'évidence, il avait « un gros problème ». Il ne faisait guère d'effort pour cacher son mépris à l'égard de toute personne de peau plus claire que la sienne, et ne manquait pas une occasion de faire état de sa « condition de Noir ». Au cours d'une des pauses, il s'approcha du groupe qui faisait cercle autour de moi pour m'interroger sur la réincarnation. Il me posa une ou deux questions, puis me demanda un peu plus tard si nous pouvions convenir d'un rendez-vous pour une séance de régression. Il devait partir à l'étranger quelques jours plus tard : j'acceptai donc de travailler avec lui le soir même, après la fin des cours.

« Oh! Seigneur, s'exclama-t-il, à peine la régression commencée, je suis blanc! » Son ton trahissait son étonnement et son dégoût. Stupéfait, il reprit : « Je suis blanc! » Il n'était pas seulement blanc, mais surveillant dans une plantation en Alabama, avant la guerre de Sécession. Sa manière de traiter les esclaves était loin d'être accorte. De là, nous passâmes à une autre vie, en Chine, puis à une autre encore, dans laquelle, non content d'être blanc, il avait aussi été une femme!

Lorsque je le ramenai à l'époque actuelle, il se mit à sangloter. Je savais sa réaction tout à fait saine. En effet, il ne tarda pas à sourire au milieu de ses larmes : « Je suppose que c'est une vraie chance pour moi d'avoir pu voir les choses d'un tel point de vue, n'est-ce pas? Vous savez, je me suis toujours considéré comme un Noir, mais je me rends compte maintenant que je ne suis pas noir, je suis simplement moi-même. Il se trouve que, cette fois, j'habite le corps d'un homme, d'un Noir. » S'arrêtant un instant pour réfléchir, il ajouta : « Mais cela veut dire que le monde est habité par des « moi » qui s'incarnent dans différents corps, voilà tout. L'essence du moi n'est ni mâle ni femelle, ni blanche, ni rouge, ni noire. L'essence EST, voilà tout. Et vous, comment se fait-il que vous ayez choisi le corps d'un " porte-voix ", cette fois? » Et il éclata de rire!

Il avait raison. Notre conscience, notre moi n'est ni mâle, ni femelle, ni blanc, ni d'une quelconque couleur. Il se contente d'être. Les corps dont nous sommes revêtus sont les costumes que nous portons pour jouer les rôles, lors de notre passage sur la scène de la planète Terre...

Peur de la mort

Un couple de médecins m'a un jour demandé de travailler avec un de leurs malades. Il se mourait d'un cancer, mais en était encore au stade où il pouvait sortir de l'hôpital. Ses douleurs étaient supportables, mais les médecins, tout comme lui, savaient que des jours pénibles l'attendaient. J'étais chargée de lui enseigner quelques techniques d'autohypnose et de contrôle de la douleur. Ils espéraient aussi qu'en apprenant le contrôle mental de son corps il enrayerait la progression de son mal.

À première vue, l'homme ne semblait pas aussi gravement atteint, mais les médecins m'avaient confié avoir tenté déjà tout ce qui était en leur pouvoir, et que, d'ici à quelques mois, pour autant qu'il survive aussi longtemps, le tableau serait très sombre. Très coopératif, l'homme avait fort rapidement maîtrisé les techniques d'autohypnose et de contrôle de la douleur, mais il semblait évident qu'il espérait autre chose de moi, sans toutefois oser m'en parler.

Espérant avoir deviné juste, je pris une grande inspiration et me jetai à l'eau : « Voulez-vous que nous parlions de la mort? », lui demandai-je.

Avec un grand soupir de soulagement, il répondit : « Oh! oui, oui, vraiment... Personne ne veut parler de la mort à un mourant. Tout le monde évite le sujet, se sent gêné, même si je l'aborde moi-même. Ils se contentent tous de me rassurer, m'affirmant que je vais guérir, alors que nous savons tous qu'il n'en sera rien. J'ai besoin d'en parler, je veux me sentir en paix avec cette idée, j'ai peur de mourir... Je suis furieux de mourir, je ne sais pas ce qui va m'arriver, et personne ne le sait. Il faut au moins que je puisse en parler... »

Nous restâmes à en discuter longuement. Lorsque le moment me sembla propice, j'abordai le sujet de la réincarnation. Cette idée ne lui était pas familière, me dit-il, mais l'intéressait, quoiqu'elle entrât en contradiction avec ses idées religieuses. Il n'était pas convaincu de la réincarnation, mais il accepta l'idée d'une séance de régression. Il revécut de la sorte différentes incarnations. Nous nous attachâmes à passer en revue plusieurs expériences de mort, de façon qu'il puisse explorer soigneusement les périodes transitoires.

La séance terminée, je le trouvai très apaisé mais plongé dans ses pensées. « Je ne peux pas dire pourquoi mais j'ai la certitude que ces souvenirs d'événements qui me sont arrivés sont bien réels. Cela m'éclaire tellement sur ma vie actuelle et sur mes relations avec les autres! Je n'ai plus peur de mourir maintenant, ce n'est rien. Je l'ai fait tant de fois. J'aimerais simplement communiquer toutes ces informations à ma famille et à mes amis, mais ils sont si sceptiques à l'égard de méthodes telles que l'autohypnose ou le contrôle de la douleur qu'ils penseraient que je me raccroche à n'importe quoi, et je n'ai pas l'intention de passer le temps qui me reste à discuter théologie!... L'important, c'est que, moi, je sache... »

Il vécut – aussi confortablement que possible – bien plus longtemps qu'on aurait pu l'espérer, et s'éteignit paisiblement chez lui.

Au vu de tous ces cas de figures que j'ai passés en revue avec vous, vous devriez maintenant être en mesure d'apprécier les nombreuses utilisations que l'on peut faire de la régression. Sa facilité d'emploi a dû aussi vous apparaître. Ce qu'il faut retenir, c'est que les raisons d'une enquête d'information diffèrent selon chacun.

Ainsi, il ne suffit pas de régresser et de comprendre l'origine d'un problème. La personne (ou l'impliquée) doit accepter ses propres responsabilités dans les situations en cause et avoir l'envie de se débarrasser de ses pulsions négatives. Si d'une expérience de régression vous ayant révélé la cause d'un problème vous ne retirez que sentiments de culpabilité, vous avez commis une erreur : soit que vous ayez fait mauvais usage de l'expérience; soit que vous ayez utilisé ce moyen pour rejeter la faute sur un tiers. L'expérience est alors utilisée au détriment de ceux qui l'ont conduite. La régression sert à comprendre, à se libérer, à pardonner et à oublier, et permet d'accéder à une vie plus positive et créatrice.

Les schémas positifs et négatifs : leur récurrence

Il est extrêmement important de classer vos souvenirs de manière à les retrouver facilement. Ils vous permettront de faire ressortir des schémas de conduite (positifs ou négatifs) qui se répètent avec régularité. Très souvent, la personne n'a pas conscience de la récurrence de ses comportements : ainsi les schémas bénéfiques devraient être gardés en mémoire et reconduits.

En passant en revue les informations sur vos vies antérieures, vous devrez prêter une attention toute particulière aux structures qui vous conduisent au succès ou à l'échec. Étudiez avec soin le type de personnes avec lesquelles vous avez été en relation, la manière dont ces rapports se sont déroulés, les sentiments qu'ils vous ont inspirés, la manière dont vous abordiez vos chances de succès, les efforts que vous étiez prêts à fournir pour réussir, et les effets que succès et échecs ont eus sur vous et votre vie. Ce dernier point est de la plus haute importance : ne manquez pas de vous pencher sur vos échecs. Essayez d'en comprendre les raisons, et de voir si vous en avez tiré une leçon. Vous êtes-vous laissé abattre? Avez-vous laissé l'échec prendre le dessus et vous empêcher d'essayer à nouveau? Comment avez-vous réagi? Succès ou insuccès ont-ils pu vous modifier profondément? Regardez de près vos réactions émotives et ce qui les a déclenchées. Ces schémas, positifs ou négatifs, se retrouvent-ils dans votre vie actuelle?

Avez-vous pu reconnaître, au cours de cette étude, des processus types vous menant à l'échec? Vous est-il arrivé de tout mettre en œuvre pour le succès d'une opération, et, juste avant que vos efforts ne soient couronnés de succès, de vous arrêter soudain ou de prendre la décision qui va empêcher sa réussite et provoquer inévitablement son échec?

Cette façon d'agir est beaucoup plus courante qu'il n'y paraît, aussi bien dans les vies antérieures que dans les vies actuelles. Voilà pourquoi il est tellement important pour vous de reconnaître, dans le passé, les effets que provoquent les réussites sur vous et votre vie. Vous vous rendrez sans doute compte qu'à maintes reprises le succès vous a paru synonyme d'un surcroît de responsabilités, dont vous ne vouliez pas. Il a peut-être modifié vos relations avec certaines personnes aimées; peut-être aussi avez-vous laissé le succès vous changer d'une manière que vous ne souhaitiez pas. Peut-être encore la vie est-elle devenue terne et monotone, car vous ne vous étiez pas fixé de nouveaux buts. Si toutes ces situations vous ont posé des problèmes, vous avez donc pu donner le jour à un schéma de peur et de refus de la réussite. Il m'a été donné d'observer, à d'innombrables reprises, des individus ayant lutté des années pour parvenir à un but, qui, au dernier moment, semblaient, délibérément renverser la vapeur : faisant tout pour transformer le succès en échec. Si vous pouvez, en toute objectivité, regarder votre vie présente et celles qui l'on précédée en y reconnaissant ce type d'attitude, endossez-en la responsabilité : vous pourrez alors y remédier.

Efforcez-vous de retrouver et de comprendre les vies au cours desquelles vos schémas de comportement ont trouvé leur origine. Les affirmations qui viennent en conclusion de la séance de régression vous aideront considérablement à vous débarrasser des attitudes négatives et à mettre l'accent sur celles qui sont positives. Le fait de comprendre où ces dernières trouvent leur source représentera un outil d'une valeur inestimable. Vous pourrez alors déterminer les changements que vous désirez faire. Imaginez différents scénarios en relation avec les circonstances. Répétez votre rôle en vous visualisant en train de dominer pleinement la situation. Agissez d'une façon positive, confiante et axée vers le succès. Chaque fois que vous vous surprendrez à rejouer mentalement des scènes dans lesquelles vous vous attribuez un rôle négatif, faites consciemment l'effort de réécrire le scénario, de changer l'action : jouez le rôle positif que vous vous êtes attribué. Dominez la situation, ne vous laissez pas dominer par elle.

Créez dans votre esprit l'image de la personne que vous souhaitez devenir. Considérez cela comme l'incarnation d'un personnage, dans une pièce dont vous seriez le metteur en scène. Pensez à ceux qui vous intimident ou vous inspirent un sentiment confus. Imaginez-vous très confiant, parfaitement à l'aise en leur présence. Lorsque les situations se présenteront dans la vie réelle, il vous suffira de vous glisser dans la peau de votre personnage, tel que vous l'avez créé dans votre imagination. Au premier abord, il vous semblera peut-être ardu de garder le rôle, mais plus vous le jouerez, plus cela vous deviendra facile. Les autres commenceront à réagir à votre nouvelle personnalité et à vous traiter de façon plus positive.

Souvenez-vous toujours que l'échec n'est pas une défaite, si vous vous appuyez sur lui pour repartir vers le succès. Quant au succès, il n'en est pas un s'il ne vous apporte pas ce que vous désirez réellement.

L'âge et la régression

En êtes-vous maintenant au point de penser que la solution à la majorité de vos problèmes se trouve dans vos vies antérieures? En fait, la plupart de nos difficultés quotidiennes trouvent leur origine dans les premières années de notre vie. Il convient ainsi d'examiner la petite enfance, lorsqu'on cherche à résoudre un conflit spécifique, surtout s'il s'agit d'une mauvaise image de soi-même. Les jeunes enfants sont extrêmement vulnérables : les schémas d'ondes de leur cerveau sont très semblables à celles produites sous hypnose; ils peuvent donc être programmés sans raison ni logique. Si vous répétez sans cesse à un enfant qu'il est stupide et ne peut rien apprendre, son cerveau fonctionnera bien en dessous de la moyenne, même si ses capacités sont en réalité celles d'un Einstein. Son subconscient s'est laissé convaincre, à cause de la répétition. De mauvaises images de soi trouvent souvent leur origine dans des réflexions inopportunes faites à l'enfant, comme par exemple : tu es paresseux, idiot, désordre, bon à rien, gros, maigre, tu ne seras jamais un homme, tu n'arriveras jamais à rien, tu es foncièrement mauvais, tu es hystérique, tu es un faible, etc. Le même type de « programmation » leur est fourni par la publicité. Au lieu de souligner que, pour obtenir succès et amour, il faut se construire une personnalité digne d'estime et attachante, on leur répète qu'ils doivent porter telle marque de vêtements, utiliser tel ou tel produit. Leur monde alors « tournera rond », leur assure-t-on. Comment s'étonner ensuite que tant de jeunes soient frustrés, malheureux, alors qu'on les a programmés inconsciemment à attendre leur salut de choses superficielles?

Pour utiliser la technique de régression pour un retour à l'enfance, il suffit de diriger la personne en se servant des dates d'anniversaire comme points de référence. Demandez-lui de passer en revue les périodes intermédiaires pour y trouver les données importantes. Les années qui précèdent les quatorze ans sont généralement les plus révélatrices, et en particulier celles de la naissance jusqu'à l'âge de six ans.

Si vous trouvez des situations qui font appel à une programmation négative, il vous suffira de dire : « Cette affirmation a été prise à tort comme un état de fait. Elle est fausse et je n'ai plus besoin d'y réagir. » N'oubliez pas de conclure la séance avec les affirmations positives d'usage.

Retour à la maison

Il y a quelques années, un homme d'affaires me téléphona pour prendre rendez-vous. Je n'avais pas la moindre idée de la manière dont il avait obtenu mon nom. Jamais jusqu'alors je ne l'avais rencontré, et jamais je ne l'ai revu.

La régression se déroula sans incident. Pourtant un sentiment confus m'envahit. Cet homme faisait la description d'une vie en tant que jeune Hollandaise, dans une famille composée seulement de femmes : plusieurs sœurs, la mère, une tante et une grand-mère. Tous les hommes étaient morts, ou partis, et lui incarnait l'une des sœurs. Alors qu'il était en train de narrer divers événements, je me rendis compte que cette histoire m'était familière. Je l'avais déjà entendue de la bouche même d'une des sœurs. Tandis que nous parlions, après la régression, je consultai rapidement mes dossiers. Il ne me fallut qu'un instant pour retrouver la transcription d'une régression que j'avais faite avec une voisine, deux ans auparavant. L'homme s'absenta un instant et j'en profitai pour téléphoner à cette dame, lui demandant de venir chez moi le plus rapidement possible.

Elle nous rejoignit quelques instants plus tard, et je les présentai l'un à l'autre. Tous deux se montrèrent troublés. Je les observai tandis qu'ils tentaient de se souvenir de l'endroit où ils s'étaient déjà rencontrés. Ils étaient convaincus de se connaître, sans pouvoir absolument dire comment. Je finis par donner à chacun d'entre eux le texte de la transcription de l'autre. Ils se reconnurent instantanément et je pus, de la sorte, être le témoin de la conversation la plus étonnante.

En quelques minutes, ils en étaient à se confier des ragots

de famille, à rire d'incidents survenus des siècles auparavant, comme s'ils dataient d'hier. Ils évoquèrent de vieux amis, des membres de la famille, de nouvelles robes, des fêtes de famille, et s'amusèrent des bons tours qu'ils s'étaient joués. Ils me faisaient penser à mes tantes dans les réunions de famille.

Ils parlèrent plus d'une heure, en oubliant complètement ma présence, ainsi que leur identité actuelle, à savoir une dame d'âge mûr, ayant vécu à la campagne et un homme d'affaires important. Pendant ce moment-là, ils étaient redevenus deux sœurs hollandaises, qui ne s'étaient pas vues depuis très longtemps.

Chapitre VI

Du début aux fins...

La mort... et après...

On l'a dit et répété : derrière la plupart des peurs de l'homme se cache la crainte de l'inconnu. Combien de fois a-t-on appelé la mort « la grande inconnue »? Pourtant, il n'est pas nécessaire de la considérer ainsi... L'un des aspects les plus enrichissants de la régression est cette possibilité de passer en revue ses propres morts. Lorsque l'inconnu devient familier, il perd son caractère inquiétant.

Il pourrait apparaître, au vu des cas précédemment évoqués, que la plupart des morts sont violentes ou traumatisantes. Il n'en est rien. La majeure partie des expériences que je vous ai rapportées avaient pour but d'illustrer un événement traumatisant qui s'était poursuivi jusque dans les vies actuelles. Mais cela ne représente qu'une infime partie de l'ensemble des expériences sur la mort. La plus grande partie des agonies se passent en toute quiétude, sereinement envisagées et attendues, et couronnent une longue vie bien remplie. Cela ne signifie pas pour autant que toutes les vies planifiées soient longues. Il est fréquent que, pour des raisons diverses, la vie soit relativement brève : l'expérience dont certains peuvent bénéficier dans un certain environnement ou à une certaine période est parfois limitée. Il ne faut pas en déduire non plus que le moment de la mort est inexorablement fixé, prédestiné, et que personne ne meurt avant son heure venue, mais qu'une fois cette heure sonnée nul ne pourra y échapper : s'il en était ainsi, nos efforts pour guérir les maladies, prévenir les accidents, pour nous protéger de la violence seraient bien inutiles. L'homme a son libre arbitre, un héritage qui lui revient de plein droit. Sinon, nous ne serions que des marionnettes manipulées par une puissance supérieure. Nos réussites n'auraient aucun sens, non plus que nos erreurs. La vie n'aurait aucune finalité et nous ferions aussi bien d'en rester là.

Qu'est-ce que la mort?... L'homme est un esprit illimité qui s'incarne dans des demeures de chair et de sang, afin de faire l'expérience d'un monde physique. Lorsque le logis devient inhabitable pour raison de maladie, d'accident, de vieillesse ou du fait que l'esprit dépasse la taille de sa maison et que son utilité n'est plus justifiée, l'homme accède à une autre sorte d'expérience et quitte son logement. La mort n'est rien d'autre que ce « déménagement ».

Mort et naissance sont en fait synonymes. Lorsque vous mourez au monde physique, vous naissez au royaume non physique. Lorsque vous naissez dans le monde physique, vous mourez dans cette existence non physique. La mort et la naissance ne sont que changements dans votre sphère d'activité. Tout comme l'Esprit illimité est immortel, vous avez été créé de son essence, à son image. Vous êtes, vous aussi, immortel.

Pour explorer la mort au cours d'une régression, une fois cette vie examinée à volonté, dirigez la personne en lui disant :

Rendez-vous dans le temps jusqu'au jour qui précède votre mort. Cela ne prendra qu'un instant. Dites-moi dès que vous y serez. Il ne s'agit que d'un exercice, d'un souvenir. Vous n'avez besoin de ressentir ni peur, ni douleur, ni désarroi, ni appréhension à quelque niveau que ce soit. (Attendez la réponse.)

Regardez mentalement à travers vos yeux, écoutez grâce à vos oreilles. Où vous trouvez-vous, que faites-vous? Quel âge avez-vous environ? Comment vous portez-vous? En regardant votre vie, y a-t-il quelque événement dont vous vous souveniez, non encore évoqué, mais dont vous aimeriez parler? Quel est votre sentiment à l'égard de la vie? Avez-vous accompli vos projets dans cette vie-là? (Selon la réponse, il vous faudra plus ou moins insister sur un point précis.)

Posez toutes les questions supplémentaires vous semblant opportunes, puis poursuivez :

Maintenant, sans douleur, ni désarroi, ni peur, ni appréhension, traversez l'expérience de votre mort jusqu'au jour qui la suit. Cela ne prendra qu'un moment. Dites-moi quand vous y serez. Il ne s'agit que d'un exercice de mémoire.

Avez-vous conscience que vous êtes mort? Comment êtes-vous mort? Que ressentez-vous à l'idée d'être mort?

La plupart des gens – mais non tous – comprennent bien qu'ils sont morts, et ne manifestent aucune surprise en découvrant qu'ils sont toujours conscients. Parfois, lors d'une mort soudaine, violente ou accidentelle, la personne ne prend pas conscience du changement. La modification de conscience entre la vie et la mort, alors si infime, n'est perçue que par ce sentiment de liberté, celui de ne plus être limité par une enveloppe physique. La personne essaiera même parfois d'agir physiquement, de communiquer avec son entourage; naturellement, elle pourra éprouver quelque frustration à ne pas obtenir de réponse. Si cela s'est produit au cours de l'expérience, donnez les instructions suivantes :

Avancez dans le temps jusqu'au moment où vous avez pris conscience d'être mort. Qu'est-ce qui vous a permis de prendre conscience de votre mort?

La plupart des personnes prennent immédiatement conscience de leur mort. Ils restent souvent dans les parages, pour mieux observer les réactions de leur entourage et de leurs amis. Ils assistent aussi à leurs funérailles. Ils ressentent comme une sorte de détachement, parfois teinté de tristesse ou d'inquiétude, devant certaines de leurs manifestations extrêmes de douleur. Mais je ne me souviens de personne qui se serait offusqué ou effrayé du fait de sa propre mort; et ce, aussi bien au cours de la mort qu'après elle. Aussi bizarre que cela puisse paraître, les moments suivant immédiatement la mort donnent souvent lieu à des traits d'humour, en raison des observations du « défunt », ou de ses commentaires :

Avancez maintenant jusqu'au point situé environ quelque six semaines après votre mort. Cela ne prendra qu'un moment. Dites-moi dès que vous y parviendrez. Où êtes-vous, que faites-vous?

Il est peu probable qu'à ce stade les données sensorielles soient encore existantes. Le sentiment décrit en général est simplement celui « d'être ». On ne ressent ni chaleur ni froid, on n'entend ni ne voit rien. On se sent en sécurité, plein de contentement. Il s'agit d'un moment de repos, de récupération après l'expérience terrestre. On note parfois la présence d'autres êtres, dans le même état, bien que, dans la négative, personne ne se soit jamais plaint de solitude.

Dès ce moment, le temps – tel que nous l'entendons généralement – n'a plus de sens. Le temps est un concept créé par l'homme pour son propre usage.

Puis, la personne va quitter cet état de repos pour évaluer la vie qui vient de s'écouler. Elle la jaugera en regard de ses vies passées. C'est au cours de cette période aussi qu'elle juge ses propres actions, les motivations qui les ont sous-tendues, commence à se faire une idée de ce dont il faudra qu'elle s'occupe dans ses prochaines vies; expérience véritablement profonde, car aucune illusion n'est possible. C'est là une énorme différence, un peu comme de se regarder dans un miroir, voir la personne que nous voulons y voir, pouvoir ignorer ce que nous refusons de voir; et regarder soudain une photo sans retouches, où chaque défaut, chaque ride, chaque imperfection de nos traits nous est révélée. La personne qui revit ces épisodes n'aura peut-être pas très envie de les formuler oralement, mais il serait extrêmement intéressant qu'elle les écrive, une fois seule, pour les étudier et les consulter à loisir. Il ne s'agit pas toujours d'une expérience désagréable. Lorsque vous ajouterez les unes aux autres chacune de vos actions et de vos motivations, vous aurez sans doute la surprise de voir le fléau de la balance pencher du côté positif. Pour diriger quelqu'un dans cet exercice, dites-lui :

Avancez maintenant jusqu'au point où vous avez commencé l'évaluation de votre vie passée.

Les résultats sont très divers, mais, une fois l'évaluation accomplie, vous remarquerez que la personne s'engage généralement dans un processus d'apprentissage. Il peut s'agir d'une expérience de groupe ou individuelle : elle peut aussi prendre la forme d'un scénario « créé » de toutes pièces pour vivre ou comprendre une vérité en particulier, ou un concept bien précis. (Ainsi, le scénario que j'avais mis au point après mon suicide, décrit dans un chapitre précédent.) Juste avant, ou juste après cette période, les grandes lignes de la prochaine vie se dessinent. On choisit le cadre général : la race, le statut social, les conditions économiques, l'atmosphère spirituelle, la carrière probable, le type de parents, etc. Les détails s'ajoutent par la suite. Il n'est pas nécessaire d'explorer la période à ce moment précis; il vaut mieux attendre que le projet soit terminé.

L'homme jouit du libre arbitre, qu'il soit dans ou hors d'un corps physique. Les choix ne s'avèrent pas toujours heureux, même dans les projets. Il arrive – mais c'est très rare – qu'une suggestion vienne de sources extérieures. Le remords et le zèle pousseront parfois l'âme à attendre trop d'une situation, peu réaliste au demeurant. Nous sommes parfois comme une maîtresse de maison qui déciderait de repeindre et de redécorer son appartement, le jour même d'une grande réception. Il existe sans doute quelque part un individu surdoué qui relèvera le défi, avec le plus grand succès; mais, dans l'ensemble, la dame a toutes les chances de finir la journée totalement épuisée, avec une maison dans le plus grand désordre. On se choisit parfois un canevas si compliqué pour sa propre vie qu'on aboutit à un point de surcharge : on veut en faire trop, on devient si désemparé ou dépassé, si frustré et découragé qu'on finit par accomplir bien peu de ce qui avait été prévu. On oublie aussi parfois de tenir compte du libre arbitre des autres et de leurs choix possibles, susceptibles d'intervenir sur notre propre vie.

Il se peut qu'au contraire on ne choisisse des paramètres tellement faciles, tellement confortables qu'ils soulèvent bien peu de défis, ce qui se révèle fort ennuyeux et, somme toute, inutile. Il s'agit là d'un autre extrême.

L'âme n'est pas retenue dans un projet comme dans un cadre fixe, même après la naissance. Un mauvais choix peut être modifié, la vie dirigée vers un autre pôle. L'assimilation d'un principe rend parfois inutile la poursuite de l'action qu'il sous-tend. La connaissance amène la compréhension, et influe sur le comportement. Il se peut, par exemple, qu'un homme comprenne qu'il s'est impliqué dans un cycle continuel de malheur et de souffrance, en ayant choisi (à tort) cette méthode comme une « pénalisation » karmique pour se punir des actions passées. Au moment où l'on se rendra compte que le karma est fait pour enseigner, non pour punir, qu'il vaut mieux adopter une approche plus positive et créative, on pourra rejeter de nouveaux cycles du même ordre; refuser de prendre les décisions qui vont s'inscrire dans la poursuite des mêmes cycles. On peut alors décider d'agir selon un processus positif qui satisfera aux besoins de la situation.

Il m'est arrivé de reconnaître un cycle de ce genre dans ses prémisses, ou de voir ressurgir un cycle qui traitait d'une leçon déjà apprise. J'affirmai alors mentalement : « Je choisis de ne pas prendre part à ce cycle qui ne me confère aucun aspect positif. Je choisis de passer à autre chose. » Cela suffit à modifier le cours des événements.

Chacun de nous est différent et d'une gamme très vaste d'expériences. Il est donc difficile d'entrer dans les détails. Comment adapter « sur mesures » cette information, pour vous, personnellement? À la fin d'une séance de régression, ou après avoir exploré une mort, dirigez la personne en régression – vous-même peut-être – en disant :

Avancez maintenant jusqu'au point dans le temps où vous choisissez vos parents pour cette vie actuelle. (Nommez-les.) *Cela ne prendra qu'un moment. Dites-moi quand vous y serez. À quel moment avez-vous décidé de choisir ces personnes comme vos parents?*

Vous le verrez, vous obtiendrez des réponses extrêmement variées. Parfois le choix s'arrête à un moment où les parents ne se sont pas encore rencontrés, d'autres fois la grossesse est déjà en cours. On obtient parfois une information que, jusque-là, seuls les parents connaissaient. On pourra vérifier les informations auprès des parents, si ceux-ci sont prêts à les partager. Il peut s'agir de traits d'humour racontés en privé, de conversations personnelles, d'une robe à laquelle on tient, d'une cravate, de circonstances dans lesquelles les parents se sont rencontrés pour la première fois, etc. Reprenez ensuite :

Pourquoi les avez-vous choisis pour parents? Quelles leçons espériez-vous tirer de l'environnement particulier dans lequel ils évoluaient?

La personne peut décider de ne pas répondre oralement à ces questions.

Vous avez maintenant accès au projet, mis au point par vous, pour cette vie précise. Examinez-le avec soin, jusqu'à ce que vous ayez déterminé avec certitude dans votre conscience les projets que vous voulez voir accomplis dans cette existence. Vous pouvez choisir d'exprimer oralement vos réponses, ou de les garder pour vous. Dites-moi simplement quand ces informations seront claires dans votre esprit.

Lorsque la personne vous indiquera qu'elle a terminé son projet, dites-lui : *Vous pourrez revenir à volonté à ce point précis de votre conscience.*

Puis, continuez et terminez la séance, de la manière classique qui vous a été enseignée.

Cette information peut se révéler précieuse pour votre existence actuelle. Vous constaterez peut-être que vous avez achevé la plus grande partie de la tâche que vous vous étiez assignée, et que vous pouvez désormais vous fixer de nouveaux buts. Peut-être aussi trouverez-vous la réponse à des frustrations sous-jacentes, ou vous êtes-vous éloigné de votre projet d'origine, ce qui n'a cessé de vous tourmenter, sans que vous puissiez en déterminer la cause; vous vous sentiez insatisfait, mais ignoriez pourquoi. Dans ce cas, il est temps de vous poser certaines questions : la déviation a-t-elle pris un cours positif? Est-elle le fruit de votre volonté propre, ou celui d'actions d'autrui sur lesquelles vous n'aviez aucun contrôle? Vous apprendrez peut-être que certains ont fait des choix, qui sont intervenus entre le moment où vous avez choisi vos parents et celui de votre naissance. Ou même plus tardivement. Ceux-ci ont pu changer votre environnement de manière radicale, si bien qu'il vous a fallu élaborer un nouveau « plan de vol ».

Si, malgré ces déviations, la ligne générale de votre vie

vous semble bénéfique, ou s'il s'agit d'un sujet qui ne peut en aucun cas se trouver sous votre gouverne, affirmez mentalement que vous abandonnez le projet original, que votre existence va désormais suivre un cours plus conforme à ce que vous êtes à ce moment précis. Vous découvrirez qu'en vous laissant aller mentalement vous vous débarrasserez de beaucoup – voire de toutes – les frustrations semi-conscientes qui vous donnent l'impression que vous ne réalisez pas vraiment ce que vous devriez réaliser dans votre vie.

Il se peut aussi que vous vous aperceviez que vous avez dévié de votre projet initial sans motif légitime. Que votre croissance spirituelle ne connaît pas de progrès réels et profonds : examinez attentivement votre projet, puis votre vie, et cherchez par quels comportements vous pourriez les rendre plus compatibles. Peut-être devrez-vous accepter des compromis si vous n'êtes plus très jeune. Évaluez la situation : vous vous rendrez probablement compte que ni votre carrière ni vos passe-temps ne sont en cause, mais la manière dont vous les menez. Votre attitude, votre approche de la vie fera la différence, vous permettant ou non d'être en harmonie avec votre projet. Cultivez la tolérance, l'équité et la bonté; demandez le meilleur de vous-même et des autres. Apprenez à faire des « répétitions » de succès dans votre esprit. Rien ne s'accomplit qui n'ait d'abord été créé dans l'esprit. Bien peu de personnes prennent conscience de l'habitude qu'ils ont prise de jouer le rôle de l'échec dans leur esprit avant de le créer. Prenez donc l'habitude de vous imaginer en train de réussir l'objectif que vous vous êtes fixé. Gardez à l'esprit l'image de vous-même agissant et réagissant avec les qualités que vous vous souhaitez. Les changements ne se produiront pas instantanément, mais vous ne tarderez pas à découvrir que ce qui vous demandait un effort conscient est soudain devenu une réaction naturelle.

Historique d'un cas

Voici un exemple du type d'informations qu'il est possible d'obtenir au cours de l'exploration d'un projet de vie.

Q : Avancez dans le temps, jusqu'au moment où vous avez

choisi vos parents pour cette vie (nommez-les). Cela ne prendra qu'un moment. Dites-moi quand vous serez prêt.

R : D'accord. J'y suis.

Q : À quel moment avez-vous décidé que ces personnes allaient être vos parents? Se connaissaient-ils déjà à l'époque?

R : Non *(grand éclat de rire)*, c'est extrêmement drôle. Ils m'ont toujours fait croire qu'ils s'étaient rencontrés à l'église, mais je les vois faisant connaissance au cours d'un bal. Tous deux ont été élevés dans des familles où il était interdit de danser, et ils ne m'ont jamais permis non plus de le faire. D'après ce que je vois, papa avait coutume d'aller au bal et au cinéma, en douce. Maman est allée danser une seule fois, avec des amies. C'est là qu'elle a rencontré papa. Ils se sont immédiatement plu et se sont arrangés pour se rencontrer « comme il le fallait », à l'église. Il avait dix-neuf ans et elle dix-sept ans. Ils sont sortis ensemble pendant environ six mois avant de se marier. Je suis née quelque deux ans plus tard.

Q : Pourquoi les avez-vous choisis pour parents? Quelle leçon espériez-vous dégager de l'environnement particulier qu'ils pouvaient vous fournir? Vous pouvez répondre à ces questions oralement ou non, comme bon vous semblera.

R : Ils descendaient d'une lignée de gens de corps et d'esprit sain, et, tous deux d'un caractère affirmé, partageaient un goût, à la fois de tendance religieuse fondamentale et de curiosité intellectuelle.

Q : Aviez-vous rencontré ces deux personnes dans une vie antérieure?

R : Pas à ma connaissance.

Q : Vous avez maintenant accès au projet de vie que vous avez mis au point pour votre vie actuelle. Examinez-le jusqu'à ce que vous ayez clairement établi quel but vous vous étiez fixé pour cette vie. Vous pouvez ou non formuler à haute voix les informations que vous recueillerez. Dites-moi de toute façon quand tout sera net dans votre esprit.

R : C'est absolument étonnant. Je vois le tableau dans son ensemble : comment tendances et événements s'imbriquent dans ma vie pour former un schéma logique qui va m'aider à atteindre les buts que je me suis fixés dans mon projet. Jamais je n'avais pensé à ma vie sous l'angle d'un plan ou d'un schéma général mais tout me semble clair maintenant. Je vois, ou plutôt je sais, l'ensemble des choses, mais j'essaierai de séparer les différents aspects.

Mes parents, mon environnement familial m'étaient nécessaires afin de me fournir un corps et un esprit sains pour une longue et rude vie. L'un de mes objectifs est d'apprendre à avoir l'esprit ouvert, à être tolérant, à développer ma confiance en moi, à comprendre le but de la responsabilité personnelle.

Au cours de mes vies antérieures, l'autodiscipline m'a toujours posé problème; j'ai également besoin d'apprendre à m'accepter moi-même, à me donner le droit de m'aventurer dans n'importe quel domaine d'apprentissage et de développement de mon choix.

Je vais essayer de prendre un point après l'autre, bien que tout se recoupe. En ce qui concerne l'ouverture d'esprit et la tolérance : j'ai été bigot dans plus d'une de mes vies, sans vivre moi-même ce que j'érigeais en vérité. Ma bigoterie s'accompagnait d'un esprit très rigide. La formation religieuse était importante parce qu'elle assurait une bonne connaissance de la Bible et permettait de développer un sens aigu de ce qui était juste et de ce qui ne l'était pas; mon environnement m'a poussé à explorer et à remettre en question des zones entières de ma connaissance, ce qui était primordial. Au cours d'incursions dans différents domaines, j'ai été attiré par les religions dans le monde, dans le passé et actuellement; j'ai aussi voulu en comprendre davantage à propos de l'« esprit de la loi » par rapport à la « lettre de la loi ». J'ignore jusqu'à quel point j'ai compris l'existence d'une loi universelle qui gouverne l'homme (d'ailleurs sans grand rapport avec la religion organisée), mais qui lui donne l'envie continuelle de s'accomplir et de faire des efforts. Je ne crois pas avoir jamais tenté de formuler cela jusqu'à présent et il m'est difficile d'exprimer exactement ce que je veux dire.

Q : Prenez tout votre temps. Le principal est que vous vous compreniez.

R : Comment dire ? L'important, c'est que l'homme est, en fait, beaucoup plus libre que ce qu'il s'autorise à être. L'âme de l'homme vient de Dieu, et est en train de retourner vers lui.

Voilà en substance de quoi il s'agit. Mais peu à peu les hommes ont commencé à dresser des règlements et des restrictions, à réglementer ce voyage vers Dieu. Ils ont créé toutes ces religions qui restreignent, renient même, la nature spirituelle et mystique de l'homme. Voilà en partie ce qu'il m'a fallu découvrir et comprendre pour ma propre vie; probablement suis-je encore en train d'accepter les restrictions mentionnées à différents niveaux. Je n'éprouve pas le besoin d'imposer mes opinions aux autres mais il me faut encore parfois combattre un sentiment d'intolérance et de supériorité. Je vois bien que j'ai beaucoup à apprendre dans ce domaine, même si je ne suis plus un bigot à proprement parler.

Q : Comment cela vous a-t-il aidé à progresser vers d'autres buts?

R : J'y ai gagné de la confiance en moi. J'ai appris à écouter cette voix intérieure qui semble déceler quand quelque chose est vrai. J'ai aussi appris à respecter mes capacités mentales. Je n'ai pas de diplômes universitaires, mais je me suis prouvé que je pouvais apprendre et maîtriser tout ce que je voulais. J'ai appris à ne pas laisser la critique et la dérision des autres miner ma propre estime ou affaiblir mon courage. Je garde mes convictions. Je dus parfois longuement batailler dans cette vie. Il semblerait qu'il me faille souvent choisir entre blesser ceux auxquels je tiens le plus ou écouter ma voix intérieure. Je ne suis pas sûr de m'y habituer jamais, peut-être d'ailleurs n'en ai-je pas l'envie.

Je vais devoir m'attarder davantage sur ce point car je vois qu'il me mène à d'autres fins de mon projet : à comprendre et à accepter les limites de ma responsabilité personnelle; à apprendre à ne pas me sentir coupable lorsque je ne peux pas contenter tout le monde ou résoudre les problèmes à la place des autres. Il vous semble que je m'éloigne un peu du sujet, mais pas vraiment. Je vois dans mon projet que j'avais prévu à l'origine de devenir médecin dans cette vie. C'est très intéressant car j'ai commencé dans cette direction, mais d'autres portes se sont ouvertes à moi et je me suis arrêté pour aborder une toute autre voie. Ma famille n'en était pas ravie et j'en ai conçu un sentiment de culpabilité. Je vois pourtant que la carrière médicale n'était pas celle qui m'aurait permis de m'épanouir au mieux dans le cadre de mon projet. Mon subconscient a dû voir que ce n'était pas le meilleur choix pour moi. Il est amusant de penser combien tout cela m'a agacé tout au long de ces années.

Je suis vraiment content de savoir que j'ai fait le bon choix et qu'il ne s'agit pas seulement d'un pis-aller. Je vois très clairement comment l'état de médecin aurait renforcé cette tendance négative à me sentir responsable de tout le monde. Cela n'aurait fait qu'aggraver la situation, d'autant que je me suis toujours laissé influencer par cette fausse idée de responsabilité personnelle. J'étais tellement occupé à des œuvres apparemment utiles et charitables que j'ai négligé ma femme, mes enfants et moi-même. Vous connaissez le proverbe : « Ne faites jamais rien pour vous-même, faites le toujours pour les autres. » J'ai toujours tenté de résoudre les problèmes de tous, sauf les miens, et me sentais responsable des actions et des décisions d'autrui. Je ressentais comme un échec personnel les erreurs des autres. Que de nuits blanches à souffrir, à m'inquiéter, à me sentir coupable de ne pouvoir éviter aux autres d'être à l'origine de leur propre malheur? Quelles que fussent leurs demandes et le temps qu'elles me coûtaient, je ne savais jamais refuser. Je me faisais l'impression d'être égoïste et coupable quand j'en avais envie. Il m'a fallu apprendre une dure leçon : j'ai failli perdre la santé et ruiner mon mariage, avant de me rebeller et de m'isoler un moment. Puis, après avoir longuement étudié et réfléchi, je suis peu à peu parvenu à la conclusion que je n'étais responsable que de moi-même et de mes actions. Aider quelqu'un, c'était l'aider à lui apprendre à résoudre ses propres problèmes. Je ne pouvais partager que ce que j'avais appris, mais je n'étais pas responsable si les autres n'utilisaient pas cette information. Mon premier devoir était d'avoir certains égards envers moi-même : d'apprendre à résoudre mes propres problèmes. De prêter attention à mon évolution personnelle. Si ma façon de vivre en harmonie avec mes principes et mes valeurs provoquait chez des personnes de mon entourage une certaine désapprobation, parce que nous ne partagions pas les mêmes croyances et que « je n'étais pas de leur bord », eh bien, je n'y pouvais rien! Je me rends compte que j'ai accompli une bonne partie de mon projet bien qu'ayant ignoré jusqu'à ce jour que j'en avais un. J'ai encore beaucoup à faire dans ces domaines. Il me faudra, par exemple, porter plus d'attention à l'autodiscipline. Je vais me pencher de plus près sur le projet, tâcher de le comprendre, de réfléchir à ce que j'ai vu et à ce que je veux faire désormais. Mais je suis fatigué. M'est-il possible d'y revenir plus tard?

Q : Certainement. Vous pourrez revenir à ce point de conscience chaque fois que vous désirerez une information complémentaire. Détendez-vous maintenant et concentrez votre esprit sur votre projet. Dans un moment, je vais compter de 1 à 5.

On me demande souvent s'il doit se passer un certain temps entre deux vies. Il ne semble pas qu'il y ait de période standard. Il se passe des siècles, ou des mois seulement. Plusieurs facteurs semblent entrer en jeu. Une âme doit parfois attendre certaines circonstances, d'ordre mondial ou plus personnel, favorables à son projet. Si un homme mort prématurément laisse d'importants projets en suspens, il est probable qu'il se réincarnera rapidement. Si la dernière vie s'est révélée particulièrement difficile ou déplaisante, qu'elle a laissé des cicatrices traumatisantes pour l'âme, celle-ci ne sera pas très enthousiaste à l'idée de se réincarner. Sans doute peut-on expliquer ainsi la mort subite de nouveau-nés et la venue d'enfants mort-nés lorsque aucune raison physique ne peut les expliquer. L'âme prend peur et s'enfuit.

Il y a d'autres circonstances, telle la guerre, où la mort survient lorsqu'on défendait son pays ou son idéal. Certaines âmes pourront revenir assez rapidement, afin de continuer le combat; d'autres, en revanche, pour y mettre un terme. Certains de ceux que j'ai mis en situation de régression étaient morts au cours de la Seconde Guerre mondiale ou en Corée. D'autres sont revenus, désireux de reprendre la carrière militaire. Parmi les plus farouches militants de l'antinucléaire, j'ai découvert des individus qui étaient morts à Hiroshima ou à Nagasaki. Ce type de schéma est courant. On peut être en désaccord avec un mouvement, ou une philosophie, ou avec la manière de les présenter; mais on doit tolérance et compréhension à l'égard de ceux qui les prônent. Vous le voyez, l'exploration de la mort et de l'après-mort peut se révéler aussi enrichissante et passionnante que l'enquête sur les vies antérieures.

L'origine de l'homme

Je ne peux répondre à la question : « Pourquoi l'Esprit illimité a-t-il choisi de créer l'homme ? » Mais le choix fut déterminé, l'acte accompli, et vous pouvez vous rappeler ce tout premier moment lorsque vous avez reçu la conscience du « j'existe », du « je suis ».

Lorsque vous aurez une grande habitude de la régression et de sa technique, au lieu de revenir dans une vie antérieure, dites :

Vous allez revenir au point d'origine en tant que conscience individuelle, lorsque l'Esprit illimité vous a séparé de lui et vous a donné la conscience de votre existence individuelle. Lorsque vous aurez atteint ce point, vous entendrez et écouterez attentivement les instructions.

Peut-être préférerez-vous expérimenter par vous-même ce point avant de lire le reste du chapitre. Il semble qu'en tant qu'âmes nous ayons été envoyées à travers tout l'Univers pour explorer, découvrir et comprendre non seulement la création mais aussi notre nature propre. Certains ont accompli leur mission et sont revenus à la source. D'autres ont oublié la raison de leur présence ici, leur identité véritable et leur origine. Ils essaient de trouver le chemin du retour.

En tant qu'esprit illimité, il semblerait que nous traversions tout l'Univers. Nous fûmes nombreux à être intrigués par les créatures physiques observées. Nous les voyions éprouver des sensations : chaleur, froid, faim, douleur, sexualité, etc. Dépourvus de corps physique, nous ne pouvions que nous perdre en conjectures. Grâce à notre libre arbitre, nous avons compris que nous pouvions nous projeter à l'intérieur de ces créatures et partager leur expérience. Certaines âmes se sont contentées de réaliser l'expérience et de passer à autre chose. D'autres se sont laissé prendre au piège des sensations physiques et n'ont pu ou pas voulu se détacher de l'existence physique.

À un certain moment, l'Esprit illimité a eu pitié de ses enfants en perdition et a créé le corps humain. L'homme et la femme, véhicules plus adaptés à l'âme, offraient une gamme plus vaste d'expériences possibles.

Ceux qui se souviennent du moment de leur création vivent souvent l'expérience suivante :

J'étais à l'extrême limite de l'Univers. Je pouvais voir l'ensemble de la Création devant moi. Je me suis senti si infime, si insignifiant dans cette vaste création. Je me suis senti incroyablement seul – pourtant bien que ne l'étant pas. J'ai alors compris que je faisais partie de cet ensemble. Cette création illimitée faisait partie de moi, et sans cette cellule minuscule, c'est-à-dire moi-même, cette création n'eût pas été complète.

Je crois que chacun, un jour ou l'autre, se souvient de ce premier instant de solitude profonde, sans en comprendre toute la portée. Ces moments, ressentis comme une solitude et une quête, intense et indéfinie à la fois, sont autant d'échos de ce premier instant où la séparation d'avec notre Créateur nous a révélé notre individualité : une âme qui cherche sa source.

Nous connaissons, à des degrés divers (consciemment ou non), cette quête qui perdure tout au long de nos vies.

Le sentiment de séparation d'avec notre source varie selon notre éloignement d'avec notre être intérieur, lui-même atome de cette source. Nos actions dans le monde physique reflètent le degré de séparation ressenti. Certains cherchent frénétiquement à poursuivre cet accomplissement d'une foule de manières différentes sans jamais y parvenir. Ils évoluent dans le monde des affaires à la recherche d'un succès qui semble ne jamais pouvoir apaiser une faim insatiable. D'autres s'attachent successivement à des partenaires, à la recherche du conjoint idéal qui leur permettra de se sentir complets. Mais, sans cesse déçus, ils en imputent la faute à l'autre. Ainsi, ivresse de bruits, d'activités fébriles, alcool et drogues, relations sexuelles éphémères, course aux biens matériels constituent autant d'efforts désespérés pour remplir le vide.

Plus on cherche frénétiquement à s'accomplir dans ces domaines, plus on élève de barrières entre soi-même et le but recherché. En effet, l'esprit alors sans cesse occupé et donc indisponible, l'individu ne peut saisir au bon moment la chance d'apprendre à être en paix avec lui-même, avec ses pensées; il ne peut reconnaître les chemins de l'esprit qui lui permettraient d'entrer en contact avec son moi réel, partie intégrante de la source.

La régression dans les vies antérieures ne permet pas seulement de revivre les expériences d'autres vies et de se mieux connaître en considérant son existence d'un point de vue plus équilibré; elle favorise aussi l'accès aux niveaux les plus profonds de l'esprit, jusqu'au lieu de communication avec notre moi spirituel; elle nous donne l'introspection, grâce à quoi nous pouvons comprendre qui nous sommes, ce que nous sommes, et retrouver la conscience d'être une partie de l'ensemble. Ce chemin procure des joies et des satisfactions profondes.

Chapitre VII

Deux portes s'ouvrent

La régression dans les vies antérieures se révèle un outil très utile en thérapie : à titre individuel et privé, vous cherchez peut-être à vous aider vous-même; ou encore à titre professionnel, vous efforcez-vous d'aider les autres. Il n'est pas nécessaire de croire à la théorie de la réincarnation pour expérimenter la régression : c'est une méthode thérapeutique qui a fait ses preuves.

Si on lui en donne la possibilité, l'esprit va chercher des solutions aux problèmes qu'il rencontre. Même si vous préférez croire que les régressions dans les vies antérieures ne constituent qu'un exercice accompli par un esprit fort imaginatif, ces expériences vous auront pour le moins apporté une « vue intérieure » de vos relations, des causes (réelles ou imaginaires) de vos problèmes, traumatismes, peurs, ou phobies, lesquels s'en trouveront atténués.

L'expérience de la régression améliore la conscience sociale, la tolérance, la compréhension d'autres cultures, d'autres races, de l'autre sexe enfin. Elle contribue à rendre les individus plus équilibrés, plus complets, permet de mieux comprendre la responsabilité personnelle, de mieux la soutenir, d'aider les individus à se débarrasser de sentiments de culpabilité, malsains et inutiles au demeurant. Les relations personnelles en bénéficient largement, s'ouvrant sur une compréhension profonde de la véritable nature de chacun.

Toujours grâce à la régression, vous plongerez au cœur même du potentiel de votre propre esprit, y puisant des informations tant pratiques que spirituelles.

Utilisée comme technique thérapeutique, elle se rapproche beaucoup de ces « jeux de scènes » permettant de se comprendre mieux et d'avoir une meilleure vision des autres. Néanmoins, dans le cas de la régression, la personne revit le rôle ou la situation de son choix en fonction de ses besoins actuels. Tout cela prend place au niveau alpha le plus profond de l'esprit. Revivre sa peur, sa culpabilité, ou tout autre sentiment négatif, en même temps que s'en délivrer, et manifester à rebours force comportements et sentiments positifs a un effet immédiat et très efficace.

Un autre aspect important de cette thérapie est la prise en charge directe du sujet par lui-même, son autonomie face au thérapeute.

La régression se révèle aussi un débouché salutaire au stress, à la frustration et à la colère, toutes choses favorables au mal-être spirituel et physique (et donc à la maladie). Les changements de perspective, d'attitude face à la vie (que seule l'expérience provoque) restreignent les situations susceptibles de provoquer colère et frustration, toutes génératrices de stress. Celui qui devient plus détendu et conçoit la vie sous un angle différent gardera une attitude mentale et un état émotionnel plus sains : le corps, à son tour, acquiert une bien meilleure santé.

Nombre de psychiatres, de psychologues et de psychothérapeutes utilisent l'hypnose conventionnelle pour faire régresser leurs patients, espérant y découvrir les racines des problèmes; ils se sont quelquefois trouvés dans une situation étrange : après avoir demandé à leur patient de « revenir à la source du problème », dans l'enfance ou l'adolescence, ils ont assisté à une véritable régression dans une vie antérieure, alors qu'eux-mêmes n'avaient jamais envisagé la possibilité de la réincarnation!

Ceux qui continuent à écarter cette explication, même après en avoir fait l'expérience, utilisent pour ce faire le prétexte suivant : si une situation dans la vie actuelle d'un individu est particulièrement pénible, désagréable ou désarmante, il peut s'avérer plus facile de s'en détacher en se servant d'une vie prétendument antérieure.

Quelle que soit l'explication choisie par chacun, l'expérience de la régression dans les vies antérieures fournit souvent le courage de comprendre et d'affronter des conflits qui auraient été évités autrement. Si elle provoque réellement des résultats aussi bénéfiques, propres à rendre un individu plus productif, plus sain, plus équilibré, ne serait-ce pas vraiment dommage de l'en priver? Qu'importent les croyances en la réincarnation!

Au sein de la régression elle-même subsistent encore de nombreux domaines inexplorés (ou presque), offrant à des individus pleins de courage et de clairvoyance des expériences riches en découvertes.

Si l'on veut bien s'attacher aux résultats positifs obtenus grâce à la régression dans les vies antérieures, notamment dans les problèmes d'alcoolisme et de drogue, je crois que l'on tient là un outil remarquable; il permet de comprendre quels facteurs sont à l'origine de ces habitudes potentiellement si dangereuses. Nous ne disposons pas encore de données suffisantes sur ce point, mais un assez grand nombre d'individus alcooliques ou drogués ont été définitivement guéris grâce à la régression. Cela vaut la peine de chercher à en savoir davantage.

Le contrôle de soi en effet ne suffit pas toujours à éviter le recours aux drogues ou à l'alcool, chez celui qui traverse des épreuves majeures. Or, la régression donne accès à des méthodes qui puisent à la source même des facteurs psychologiques provoquant cette envie irrésistible. Aucune restriction philosophique, aucun a priori scientifique ne devraient aller à l'encontre d'une recherche qui se révèle une aide véritable sur le chemin de la vie.

Cette thérapie permet d'ouvrir les portes d'une autre sorte

de compréhension, qui fait table rase de bien des maladies affectant notre société. S'il était possible, par exemple, de rassembler une information suffisante concernant les données sur les vies antérieures, afin de déterminer les raisons pour lesquelles nombre d'individus commettent des actes de violence, alors que d'autres, dans les mêmes circonstances, n'en commettront aucun, peut-être alors pourrait-on déceler assez tôt les individus susceptibles de comportements violents; on parviendrait alors à neutraliser leur potentiel agressif grâce à la technique de la régression.

Les seules limites d'application de cette thérapie sont celles de l'esprit humain : ne croyez pas que je prétende détenir la panacée. La régression apportera beaucoup de réponses, dans un monde qui, lui, en contient peu.

Peut-être la régression deviendra-t-elle un jour un rite de passage à l'âge adulte, tout comme la puberté. On pourrait éliminer des conflits intérieurs potentiels, avant qu'ils ne deviennent des handicaps, et mettre l'accent sur les aspects positifs et favorables à l'évolution de l'homme.

La régression : un moyen de changer le monde

Ceux qui défient la théorie de la régression d'apporter quoi que ce soit attaquent le principe même de la création simultanée des âmes. Ils prétendent, en effet, que, s'il en était ainsi, on ne voit pas pourquoi la population mondiale aurait tant évolué au fil du temps, pourquoi le monde compterait maintenant beaucoup plus d'habitants qu'auparavant. Or, toutes les âmes ne s'incarnent pas en même temps. Lorsqu'une situation mondiale donnée offre un plus vaste champ d'expériences, un potentiel plus important pour le développement spirituel, plus d'âmes vont s'incarner que lorsque ces possibilités sont plus limitées.

Ne croyez pas pour autant que les âmes non incarnées soient inactives : elles connaissent aussi des périodes d'apprentissage et d'évolution sur des plans non physiques, puisque le temps – comme nous l'entendons dans le monde physique – n'existe pas. Tout en vivant ces périodes d'étude, elles observent et attendent le moment de voir réunies les conditions propices à poursuivre leur expérience sur le plan physique.

Il faut également tenir compte de l'imprécision, dans le passé, des estimations démographiques mondiales. Elles négligent ainsi tout ce qui viendrait à l'appui des thèses concernant des sociétés technologiquement très avancées, qui se seraient détruites au cours d'un passé lointain. Même sans évoquer l'histoire de la Lémurie, celle de l'Atlantide ni celle de cette civilisation antique située dans ce qui est actuellement le désert de Gobi, on ne peut nier la constatation suivante : l'homme moderne n'en sait pas toujours autant qu'il le devrait ou le pourrait.

Nous avons été élevés dans le culte du fait historique : Christophe Colomb a découvert l'Amérique en 1492, par exemple. Vous vous souvenez sans doute de ces listes de dates à ingurgiter pour vos examens. Eh bien, nous savons maintenant que Colomb n'était pas le premier. Il semblerait même que les Vikings eux-mêmes aient été devancés (et par beaucoup d'autres!) sur le territoire du Nouveau Monde... Des scientifiques sérieux accumulent les preuves que l'Amérique du Nord fut un carrefour international, un haut lieu d'échanges commerciaux, durant des siècles, voire des millénaires avant cette date fatidique de 1492. Des découvertes archéologiques démontrent que l'homme moderne a fort bien pu se développer ici, avant d'émigrer vers d'autres parties de la planète et non pas l'inverse.

Il n'y a pas si longtemps, la définition de l'atome était celle de « la plus petite particule, indivisible ». Maintenant, tout enfant d'âge scolaire connaît l'existence des protons, des neutrons, des électrons et d'une myriade d'autres implications dans la structure de l'atome.

Quand on a inventé l'automobile, des scientifiques ont affirmé qu'à 100 km/h le corps humain allait se désintégrer! Cela se vérifie dans certains cas, mais dans d'autres circonstances. L'homme atteint désormais des vitesses considérées jusqu'alors comme de la pure fantaisie. Il a même marché dans l'espace. Pourtant, malgré toutes ces nouvelles connaissances, tous les progrès accomplis, il se pose toujours des questions sur son origine. A-t-il évolué, a-t-il été créé? Est-il la résultante d'une combinaison des deux facteurs? L'Univers a-t-il été créé? Est-il issu du Big Bang? Est-il en pleine évolution, ou régresse-t-il? La planète se dirige-t-elle vers un âge de glace, ou se réchauffe-t-elle? Pourquoi les dinosaures ont-ils disparu?

Des centaines de théories vous sont assénées qui toutes présentent des « faits »... À l'évidence, ce que nous considérons aujourd'hui comme acquis peut changer demain, à l'appui des leçons de chaque jour. Même les données que nous considérons comme acquises, concernant le passé ou des faits vieux de milliers ou de millions d'années, sont soumises à l'interprétation et à l'évolution des courants historiques. Qui peut se targuer de savoir quelle civilisation a existé vraiment dans le passé et laquelle a disparu sans laisser de trace?

Un fait reste sûr : un plus grand nombre d'âmes s'incarnent actuellement qu'à n'importe quelle autre époque de l'histoire récente. Cela tendrait à indiquer que les moyens propres à évoluer et à s'épanouir sont larges et importants. Nous sommes maintenant en mesure d'opérer de réels changements dans le monde. Nous pourrions commettre de graves erreurs, mettant en péril l'environnement actuel et annihilant toutes nos avances technologiques, et devenir à notre tour l'une de ces « civilisations disparues », dont l'existence même serait contestée par des scientifiques dans l'avenir. Nous pouvons tout aussi bien choisir d'utiliser notre potentiel collectif pour nous souvenir du passé, comprendre nos erreurs de jugement et les actions regrettables que nous avons commises et refuser ainsi un nouveau cycle destructif.

Chacun d'entre nous est personnellement responsable de son rôle dans le destin de notre civilisation. Nous devons consacrer notre temps et nos efforts à comprendre nos vies passées; non seulement pour découvrir comment elles sont liées à notre moi actuel, mais pour étudier, par ailleurs, comment nos schémas de comportements (actions et inactions) ont contribué à l'évolution ou au déclin des civilisations où nous avons vécu.

Après avoir exploré nos vies antérieures, nous sommes en mesure de mieux nous comprendre. Il nous faut encore examiner avec la plus grande attention la conscience sociale dont nous avons fait preuve dans les vies antérieures et nous poser quelques questions sur l'ensemble de nos vies passées.

Avons-nous connu l'injustice autour de nous? Avons-nous alors hurlé avec les loups, parce que c'était plus confortable? Ou, à l'inverse, décidé de nous engager et de nous battre, sans préméditer de ligne d'action génératrice de conflits? Nous a-t-on facilement convaincus que, de toute façon, une voix de plus, la vôtre en l'occurrence, ne changerait rien, et que nous pouvions aussi bien « laisser faire »?... Que pouvait bien réaliser une personne à elle seule, après tout? Une bonne dose d'injustice nous fut peut-être nécessaire pour nous mettre en marche. La force de motivation, l'avons-nous tirée de notre propre désir de revanche, ou de l'intérêt pour les autres?

Nous sommes-nous attribué une sagesse divine, nous élevant au-dessus des autres, et prétendant que la « masse » n'avait pas les capacités intellectuelles pour décider des détails de sa vie quotidienne? Notre supériorité nous a-t-elle amenés à lui dicter sa façon de s'habiller, de se nourrir, de penser, d'élever ses enfants, d'adorer Dieu, et même quel dieu adorer? Avons-nous pensé (et proclamé) que, dans son propre intérêt, il nous fallait limiter sa liberté personnelle, sa gamme de choix? Avons-nous figuré parmi ceux-là ou encore parmi les lâches, les résignés?

Avons-nous décrété comme automatiquement fausses et inférieures toute opinion politique, toute croyance religieuse, toute habitude sociale et culturelle différentes des nôtres? Avons-nous eu le sentiment que ces différences nous autorisaient à employer la force, l'oppression à l'égard de notre prochain, de le faire mourir pour le ramener dans le « droit chemin »? Avons-nous essayé d'imposer nos croyances d'une manière dogmatique ou fanatique, empêchant ainsi toute discussion pacifique visant à une meilleure connaissance, à plus de compréhension et de tolérance de part et d'autre?

Avons-nous peu à peu sombré dans la paresse et l'indifférence? Chaque événement d'ordre social semblait infime en soi et sans grand effet. Bien sûr, cela nous dérangeait vaguement, mais nous nous tranquillisions en pensant qu'un autre parlerait, agirait. Jusqu'à ce qu'il fut trop tard...

Avons-nous eu envie de nous lever pour défendre des principes que nous savions justes, et avons-nous alors cédé à la peur de les exprimer? Chacun d'entre nous n'a-t-il pas eu, parfois, l'occasion de s'affirmer comme la voix de la raison dans un pays? Peut-être aurions-nous pu alors motiver les autres, les exhorter à changer le cours des choses? Sommes-nous restés silencieux? Quand les voix de la raison se sont élevées dans le pays pour nous avertir de la tournure prochaine des événements, les avons-nous écoutées, avons-nous pris les dispositions nécessaires pour permettre à la situation d'évoluer, ou nous sommes-nous simplement dit : « Cela ne peut pas arriver ici »? Lorsque des peuples ont été massacrés, avons-nous choisi d'ignorer les faits, prétextant que cela ne pouvait être vrai? Les âmes de six millions de Juifs sont là pour en témoigner. On estime qu'au total dix-neuf millions d'Indiens ont été massacrés en Amérique du Nord, en Amérique centrale et dans le Sud du continent au XVIe siècle, au nom de la conquête et du christianisme. Ce ne sont que deux exemples, mais d'autres massacres surviennent encore de nos jours...

Lorsqu'on nous a mis au défi de prendre les armes dans une bataille, nous sommes-nous engagés, donnant le meilleur de nous-mêmes ou nous sommes-nous contentés de nous mettre à l'abri, en citant pieusement les Écritures : « Les humbles auront la terre en héritage »?

Pour peu que vous ayez quelques connaissances en histoire, vous savez sans doute que d'immenses empires se sont bâtis, avant que d'être détruits. Qu'est-il donc advenu de l'Empire romain, de celui de Perse, ou de l'Empire ottoman? Où sont les Aztèques et les Mayas, pour ne citer qu'eux? Il semble dans la nature même de ces structures politiques et culturelles de s'élever vers la grandeur, et alors qu'elles paraissent proprement invincibles, de pourrir de l'intérieur ou de sombrer lentement vers le déclin. Si vous croyez en la réincarnation et prenez la peine de placer vos vies successives en perspective, vous trouverez inévitablement qu'à un moment ou à un autre, quelque part, vous avez, vous aussi, contribué à la grandeur et à la décadence des nations. Il deviendra évident qu'aucun homme isolé, qu'aucun petit groupe d'hommes n'a réellement marqué le cours de l'histoire.

Les héros de nos pages d'histoire ont cessé d'être des citoyens ordinaires, le jour où ils ont accepté de vivre pleinement leurs convictions, le plus souvent au péril de leur existence.

Observez de plus près les structures sociales des endroits où vous avez vécu, les époques que vous avez connues, en vous souvenant de vos comportements et de vos actes; vous serez alors à même de comprendre le monde actuel et de comparer ces souvenirs avec le rôle que vous jouez et les attitudes que vous adoptez aujourd'hui. Posez-vous les mêmes questions, à propos d'hier et d'aujourd'hui. Laissez s'intégrer ce qui est bénéfique, constructif, positif, dans votre moi actuel. Balayez les attitudes conflictuelles et destructrices, mais gardez-les en mémoire car elles vous permettront de ne pas retomber dans les mêmes erreurs. Le monde que nous modelons par nos actions ou notre inaction va constituer l'héritage de nos enfants et petits-enfants sans oublier, à plus court terme, notre propre héritage, notre propre récolte.

La loi de cause et d'effet s'applique collectivement. Le progrès et les bienfaits dont nous profitons tous aujourd'hui sont les réactions directes de ce que nous avons déclenché lors de nos vies antérieures. Il est tout aussi vrai que les situations négatives que nous avons dû essuyer, en tant que race humaine, sont en rapport direct avec les effets collectifs de nos actions passées.

Quoi qu'il en paraisse, nous tirons des leçons du passé. Il nous faut accepter de prendre nos responsabilités, demander à ceux qui nous gouvernent et façonnent notre technologie de prendre des mesures, elles aussi responsables. En nous intéressant attentivement à ce qui se passe autour de nous, nous découvrons qu'il est dans la nature humaine de se précipiter parfois sans discernement vers ce qui est présenté au nom du progrès, technologique ou autre. Nous devons, au vu du passé, apprendre à choisir ce que nous sommes prêts à accepter.

Ainsi, par exemple : en cas d'effets secondaires, de dommages causés à la planète, de déchets produits, nous devons exiger de nos scientifiques et de nos techniciens qu'ils sachent prévoir et résoudre ces problèmes avant que la découverte ne soit mise en application. S'il en avait été ainsi dans le passé, nous n'aurions pas à faire face, à l'heure actuelle, au problème de la pollution des déchets chimiques et de l'enfouissement des déchets nucléaires. Nous n'aurions pas à nous inquiéter des additifs dans nos aliments et à leurs effets sur le corps humain; nous n'aurions nul besoin d'acheter des livres, des cassettes, de nous inscrire à des clubs de remise en forme pour retrouver notre bien-être physique. Les appareils destinés à réduire le travail corporel, qui rendent sédentaires, et nous affligent donc des maladies nouvelles, n'occupent pas la même place dans nos existences.

Il nous faut avoir le courage de nous demander si les avantages d'une découverte dépassent vraiment, à long terme, les inconvénients que son absence induisait; s'il s'agit du progrès au sens propre du terme ou simplement d'une autre manière de répéter un cycle destructif déjà connu dans le passé. L'authentique progrès, l'avancement technologique véritable constituent autant de bienfaits pour l'humanité toute entière. L'irresponsabilité dans ces domaines engendre des effets destructeurs.

Il en va de même pour l'assistance à bon ou mauvais escient, qu'il s'agisse de l'aide immédiate à un homme ou à une nation souffrant de la famine, des programmes d'aides sociales. Regardez le passé, observez le présent : l'humanité a l'habitude de subvenir aux besoins immédiats d'une situation mais ne s'attaque que rarement à la cause du problème. Elle crée souvent, par son aide, la dépendance. On a coutume de citer à ce propos un proverbe chinois : « Donnez un poisson à un homme, vous le nourrirez une journée. Apprenez-lui à pêcher, vous le nourrirez pour la vie entière. » Il nous faut ainsi enseigner aux autres à « pêcher » de manière responsable, de sorte que le poisson ne manque jamais durant toute leur vie et celle des générations à venir.

Une aide matérielle véritable doit répondre aux besoins actuels. Mais elle devrait consister à fournir la connaissance et les outils qui permettront à l'individu de résoudre les situations critiques, et, surtout, de les éviter. Une foule d'exemples nous enseignent que, si nous nous laissons aller à résoudre les problèmes des autres, ceux-ci ou d'autres de même nature tendront à se reproduire. Et l'individu ne saura toujours pas comment réagir. Or, s'il dispose de moyens propres à résoudre son problème, qu'il est responsable de lui-même, il apprendra à faire face à bon nombre de situations maintenant et dans l'avenir.

Le passé peut nous fournir divers enseignements à propos de l'aide à apporter aux autres : si une personne veut vraiment résoudre un problème, elle y parviendra; ce que nous considérons, nous, selon nos critères, comme une aide adéquate n'en est peut-être pas une pour quelqu'un d'autre. La meilleure consiste parfois à n'en donner aucune. Une aide qui crée une dépendance produit différents résultats : celui qui la fournit sentira son ego satisfait; mais une dépendance continue débouche sur le ressentiment et le rejet. Celui qui reçoit l'aide, de son côté, se sent soulagé sur l'instant, mais se sent désemparé lorsque la situation se prolonge ou réapparaît. Et la colère précède le rejet. Celui qui reçoit une aide à mauvais escient tend à penser que le monde ne doit cesser de le prendre en charge. Le monde ne nous doit rien, c'est nous qui sommes ses débiteurs.

Si des individus de plus en plus nombreux utilisent les régressions dans les vies antérieures pour se connaître, découvrir et comprendre les autres aussi bien que leurs erreurs commises dans le passé, et ce avec l'espoir de ne pas les répéter, alors peut-être verrons-nous le monde se peupler de gens tolérants, responsables et pacifiques. Il pourrait s'agir de cet âge de l'homme, caractérisé par le triomphe des leçons du passé. Nous pourrions cesser de concentrer nos pensées et nos énergies à nous interroger si notre monde va être anéanti dans un holocauste nucléaire ou dans la famine; nous pourrions méditer enfin vraiment sur la raison de notre présence continue dans le cycle de la réincarnation, en nous rappelant qui nous sommes, ce que nous sommes, comment nous pouvons revenir à la source d'où nous sommes issus.

Un dernier mot

Voilà, vous avez tous les outils en main. Usez-en comme bon vous semble, mais toujours à bon escient. N'hésitez pas à explorer les nouveaux royaumes, à accueillir les informations qui vous sont données avec scepticisme : le doute est sain. Ne mettez pas une information à l'écart, simplement parce qu'elle est nouvelle ou différente de ce que vous avez cru jusqu'alors. Expérimentez-la, jusqu'à ce qu'elle se révèle vraie ou fausse. Ayez le courage de vous lancer des défis et d'en lancer à vos croyances. Combattez pour la vérité, synonyme de liberté.

On peut dire quelque chose à propos de la régression : elle n'a rien d'immoral, rien d'illégal, elle ne fait pas grossir et ne provoque pas de cancer chez les animaux de laboratoire. Votre seul investissement est le temps, et il vous en faudra peu. Alors adonnez-vous y souvent. C'est intéressant, amusant et ses bienfaits sont immenses.

TABLE DES MATIÈRES

Cet ouvrage a été réalisé par la
SOCIÉTÉ NOUVELLE FIRMIN-DIDOT
Mesnil-sur-l'Estrée
pour le compte des Éditions Tchou
en août 1991

Imprimé en France
Dépôt légal : mai 1991
N° d'édition : 859 - N° d'impression : 18785
ISBN : 2-7107-0334-3